Familienkiller Erbschaft

Familienkiller Erbschaft

Fallstricke in einer Erbauseinandersetzung

Andrea Hoff-Domin

Copyright © 2018 Andrea Hoff-Domin

Verlag: Florida Services & Information LLC, Fort Lauderdale, Florida

Alle Rechte liegen beim Autor und dem Verlag.
Der Inhalt dieses Buches ist die sachliche Darstellung eines Fachthemas. Es handelt sich nicht um Rechts- oder Steuerberatung. Für Informationen in diesen Bereichen sind die entsprechenden Spezialisten zu konsultieren.

    1. Auflage 2018 – Deutsch

Fotos Florida Dream Homes Realty LLC

Coverfoto Florida Services & Information LLC

ISBN: 0986252980

ISBN-13: 978-0-9862529-8-3

WIDMUNG

Dieses Buch ist meinem Großvater und meiner Großmutter gewidmet. Sie haben mir mit viel Liebe und Verständnis die moralischen Werte beigebracht, nach denen ich heute lebe und arbeite. Ich bin ihnen dafür aus tiefsten Herzen dankbar.

Information zum Autor:

Geboren am 6. Oktober in Niedersachsen, Deutschland. Sie verlor ihren Vater als Baby auf tragische Weise und die Großeltern, besonders der Großvater, hatten großen Einfluss auf ihre Lebenseinstellung und Weltsicht. Bücher über fremde Länder und deren Kulturen faszinierten sie seit ihrer Kindheit und weckten den Wunsch, eigene Erfahrungen in diesem Bereich zu erleben. Um diese Erfahrungen zu ermöglichen, ergriff sie einen Beruf in der Finanzbranche und arbeitet anschließend in der Finanz-IT- und Immobilienbranche. Ihre Erfahrungen in fremden Kulturen und im Business sammelte sie in über 30 Ländern der Welt und in mehr als 20 Staaten der USA.

Heute führt sie erfolgreich eine internationale Brokerage in Florida, modernisiert Immobilien und fokussiert sich auf die kulturellen Unterschiede im Alltagsleben und Business in der Karibik, den USA und Europa. Seit einigen Jahren publiziert sie ihre Erfahrungen in Büchern und im Internet. Sie lebt nach ihrem Lebensmotto „Tu es oder tu es nicht; es gibt kein versuchen" (Star Wars – Yoda).

www.florida-dream-homes.net
www.andreahoffdomin.com
andrea@florida-informations.com

Inhalt

HABEN SIE NOCH EINE FAMILIE ODER HABEN SIE SCHON GEERBT?   11

DAS FAMILIENIDYLL – WAHRHEIT ODER SCHEIN?   16

Typische Familie   16

Patchwork-Familie   18
    Ehepartner mit Halbwaise   18
    Scheidungskinder   21

BEDEUTUNG VON ERBSCHAFTSBEGRIFFEN – LAIENSICHT   25

Erbschaft oder Nachlass   26

Vorweggenommenes Erbe   28

Immobilie   30

Konten bei Bankinstituten   34

Hausrat   38
    Antiquitäten und Gemälde   39
    Schmuck   40
    Auto   41
    Historische Autos und Luxusautos   43

Gesetzliche Erben   44

Alleinerbe   50

Erbengemeinschaft   50

Schenkung   53

Vermächtnis	54
Pflichtteil eines Erben	55
Testamentarische Erben	57
Eigenhändiges oder notarielles Testament	58
Berliner Testament	62
Notarieller Erbvertrag	64
Bindungswirkung von Testamenten	66
Nachlassverzeichnis	69
Erbschein	70
Informationspflicht gegenüber Banken, Sparkassen und Versicherungen	71
Harmonische Einigung oder Krieg	76
Testamentsvollstreckung	79
Weitere Verfügungen und Vollmachten vor dem Todesfall	81
Patientenverfügung	82
Vorsorgevollmacht	84
Betreuungsvollmacht	85
Teilungsversteigerung von Immobilien	86
Öffentliche Auktion von Nachlassgegenständen	88
Erbschaftskosten	89
Der Erbfall ist eingetreten – was nun?	93
Erbschaftssteuer – ein leidiges Thema	100
Es gibt keine Einigung bei der Nachlassverteilung	102
Wie finden Sie einen kompetenten Anwalt?	105
Anwaltsvollmacht – was bedeutet das?	114
Streitwert und Anwaltskosten	116

FALLBEISPIEL EINER NACHLASSAUSEINANDERSETZUNG — 119
Tod des ersten Erblassers beim Berliner Testament — 131
Tod des Erblassers/Alleinerbe und die Nachlassauseinandersetzung (Berliner Testament) — 136

Nach der Beisetzung — 141
Liegen die notwendigen Dokumente für die Nachlassabwicklung vor? — 146
Gibt es ein Testament? — 147
Welche Nachlassgegenstände gibt es? — 149
Welche Nachlassverbindlichkeiten und welche Zahlungsverpflichtungen gibt es? — 152
Welche Nachlassforderungen und Zahlungseingänge gibt es und welche Maßnahmen müssen in diesem Zusammenhang ergriffen werden? — 154
Welche Bankkonten gibt es? — 155
Gibt es Vollmachten für diese Konten? — 157
Welche Rechnungen sind im Zusammenhang mit dem Tod und der Bestattung des Erblassers bisher aufgelaufen und bezahlt? — 159
Welche Rechnungen sind noch zu erwarten in nächster Zukunft? — 160
Wer übernimmt welche Aufgabe im Rahmen der Nachlassverwaltung und Erbauseinandersetzung? — 161
In welchen Abständen sollen diese Abstimmungen stattfinden? — 163
Wie erfolgt die Kommunikation der Erben untereinander? — 164

Start der Erbauseinandersetzung — 166
Teilungsversteigerung — 184

Verhandlungen über den übrigen Nachlass — 191

DER WEG IN EINE HARMONISCHE ERBAUSEINANDERSETZUNG — 207

Zwischenmenschliche Situation – Erben zu einander — 207

Zwischenmenschliche Situation – Erben und Erblasser — 209

Zwischenmenschliche Situation – Erblasser zu einander — 211

Familienkonstellationen: Erblasser – Erben und deren Erbschaftsabwicklungsoptionen — 215

Checkliste für Nachlass und Erbauseinandersetzung — 229
Nachlassverzeichnis — 230

Patienten-, Vorsorge- und Betreuungsvollmacht	231
Notartermin für die Nachlassregelung	233
Nachlassgericht nach dem Tod	234
Nachlassverzeichnis aktualisieren und Nachlassverteilungsplan aufstellen	235
Umsetzung des Erbteilungsplans	238
Bankverfügungen während der Erbteilung	240

EIN LETZTES WORT ZUM ABSCHLUSS   245

Haben Sie noch eine Familie oder haben Sie schon geerbt?

Diese Frage klingt am Anfang etwas seltsam und doch trifft sie die Problematik im Kern.

Eine Erbschaft ist immer mit dem Verlust eines geliebten Menschen verbunden. Dieser Mensch war Ihnen lieb und teuer, weil es Ihre Mutter oder Ihr Vater gewesen ist. Sie haben viele Erinnerungen an diesen lieben Menschen, der jetzt zum Erblasser geworden ist.

Dieser Erblasser hat Ihnen zu Beginn Ihres Lebens den richtigen Weg gewiesen, hat mit Ihnen gemeinsam Gutes und Schlimmes erlebt. Er hat Ihnen geholfen, wo es nötig war und sich mit Ihnen gefreut, wenn Sie Erfolg hatten. Und jetzt ist dieser Mensch gegangen und Sie überlegen, wie es jetzt weitergehen wird.

Vielleicht haben Sie diesen lieben Menschen auch auf seinem letzten schweren Weg, dem Sterben, geholfen. Sie haben ihm Ihre Liebe geschenkt, als er diese am dringendsten brauchte, weil er, der geliebte Mensch, wusste, dass es zu Ende geht.

Dies gilt ganz besonders, wenn der geliebte Mensch unheilbar krank war und keine Hoffnung auf Heilung bestand. In einer solchen Situation ist der Trost und die Geborgenheit der Kinder dem Erblasser besonders wichtig, um die letzten Tage und Stunden leichter zu ertragen.

Zu diesem Zeitpunkt muss der Erblasser bereits alles im Zusammenhang mit seinem Nachlass geregelt haben. Eine Nachlassregelung kurz vor dem Ableben kann nach dem Versterben zu einer langwidrigen und hässlichen

Erbauseinandersetzung vor Gericht führen, wenn die Testtierfähigkeit des Erblassers aus gesundheitlichen oder mentalen Gründen in Frage gestellt wird.

Der Erblasser sollte sich zu diesem Zeitpunkt auf die noch verbleibende Zeit mit seiner Familie konzentrieren und sich nicht mit Nachlassregelungen beschäftigen.

Die Familienmitglieder sollten dem geliebten Menschen und Erblasser nicht den Tag mit geschwisterlichen Erbzwistigkeiten verdüstern. Es muss das Anliegen eines jeden Familienmitglieds sein, dem geliebten Erblasser das Loslassen zu erleichtern und ihm die Zuversicht zu geben, dass er sich keine Sorgen um die Familienzukunft machen muss; auch wenn es sich bei diesem Vorgehen der zukünftigen Erben nur um die Wahrung des schönen Scheins handelt.

Wenn der oder die Erblasser schließlich die Augen zum letzten Mal geschlossen haben, dann beginnt meist unmittelbar danach die Erbstreitigkeit in der Familie. Häufig wird noch nicht einmal bis zur Beisetzung des Erblassers gewartet, um die Klingen zu kreuzen. Geschwisterliche Missstimmungen und Neidgefühle finden sehr schnell den Weg an die Gefühlsoberfläche und sorgen für Spannungen in der Familienidylle. Die bestehenden Missstimmungen innerhalb der Familie sprengen mit voller Wucht den harmonischen Schein.

Diese Missstimmungen sollte es nur zwischen den direkten Erben geben, aber häufig mischen auch Geschwister des oder der Erblasser mit.

Diese nicht betroffenen Verwandten sorgen mit ihrer Einmischung nur für zusätzliche Spannungen, denn sie haben mit der Erbauseinandersetzung überhaupt nichts zu tun und verschärfen die ohnehin schwierige Situation zwischen den Erben nur.

Wenn die Nachlasssituation eintritt, wird es sich zeigen, wie gut der oder die Erblasser für die Erbschafts- und Nachlassauseinandersetzung vorgesorgt haben. Es wird sich zeigen, ob die schriftlich formulierte Nachlassregelung Bestand haben wird und ob sich die Erben den Wünschen des Erblassers fügen werden oder nicht.

Es wird sich auch zeigen, welche Familiengefühle innerhalb der Familie überhaupt je bestanden haben und wieviel von diesen Gefühlen noch übriggeblieben ist.

Je grösser die Missstimmung und die Neidgefühle unter- und zueinander sind, desto unwahrscheinlicher ist eine gütliche Erbauseinandersetzung.

Diese Gefühlssituation während der Erbauseinandersetzung wird noch verschärft, wenn die Geschwister zu Lebzeiten des Erblassers ihre wahren Gefühle zueinander versteckt haben und die Uneinigkeit jetzt an die Oberfläche drängt. Jetzt treffen diese versteckten, aufgestauten Gefühle der Erben mit voller Macht aufeinander und jeder betroffene Erbe wird sich fragen, warum seine ehemals liebenden Geschwister sich so verhalten. Die Schonfrist zu Lebzeiten des Erblassers ist jetzt endgültig vorbei und der Kampf um den Nachlass nimmt seinen Anfang.

Es wird sich jetzt zeigen, wie rechtlich wasserdicht die festgelegte Nachlassregelung des Erblassers ist und ob die Erben dieser Nachlassregelung folgen werden.

Die gesetzlichen Erben können nämlich jederzeit diese Nachlassregelung des Erblassers im gemeinsamen Einvernehmen ändern und eine abweichende

Nachlassregelung treffen. Die Erben müssen nicht den Nachlassbestimmungen des Erblassers folgen, solange sie sich im Rahmen des Erbrechts bewegen.

Weitaus häufiger als ein Erblasser dies vermuten würde, versuchen die einzelnen Erben die Nachlassregelung des oder der Erblasser zu ändern, mit dem Ziel einen finanziell größeren Vorteil gegenüber den anderen Erben zu erhalten, als dies vom Erblasser vorgesehen war.

Mit mehr oder weniger ausgefeilten Machtspielen und Ränkeschmieden kann ein solches Vorhaben erfolgreich sein, ganz besonders wenn die Erblasser sich bei dem Verfassen des Testaments nicht der Konsequenzen ihres Handels bewusst waren.

Das Ziel dieses Buches ist es, dem Leser – Erblassern wie auch zukünftigen Erben – den Ablauf einer Nachlassabwicklung zu verdeutlichen und auf bestehende Fallstricke hinzuweisen.

Das Buch soll den Leser aufmerksam machen auf die Hürden, die vor ihm liegen, damit er diese erkennt und seine Rechte wahren kann.

Dieses Buch ist geschrieben aus der Blickwinkel eines Betroffenen und es ersetzt keine rechtliche oder steuerrechtliche Beratung durch einen Fachanwalt oder Steuerberater. Solche Beratungen können nur auf Basis des individuellen Nachlassfalls erfolgen. Bei den in diesem Buch verwendeten Beispielen und Details handelt es sich um fiktive Daten und konstruierte Fälle.

Die dargestellten Beispiele sollen einem Erblasser helfen, sich der Brisanz seiner Aufgabe Nachlassregelung bewusst zu werden und eine für alle Erben gerechte Nachlassaufteilung festzulegen. Einem betroffenen Erben werden die Beispiele zeigen, auf welche Punkte er achten muss, damit er das bekommt, was der Erblasser für ihn bestimmt hat.

Mit entsprechender Vorbereitung und Durchführung dieser Aufgabe wird es dem Erblasser auch gelingen eine langwidrige und teure Erbauseinandersetzung zu verhindern und vielleicht rettet er sogar seine Familie vor dem Zerfall.

Viel Spaß beim Entdecken der Fallstricke einer Erbauseinandersetzung und den Tipps, wie Sie diese Fallstricke erkennen und vermeiden können.

Das Familienidyll – Wahrheit oder Schein?

Wenn Sie diese Frage als provokant empfinden, dann bleiben Sie gespannt. Am Ende diese Kapitel werden Sie sicherlich einige neue Erkenntnisse über Familienstrukturen gewonnen haben und erkennen, welche Probleme sich daraus ergeben können.

Es ist menschlich, dass jeder sich eine liebende Familie wünscht und danach strebt in einer geschützten Atmosphäre mit vertrauten Personen zusammen zu leben.

Jeder braucht die Bestätigung von lieben Menschen und gibt seinerseits diese zurück.

Die Familie ist ein sicherer Ort, an dem jeder so sein darf, wie er sein möchte ohne dafür kritisiert und bewertet zu werden. So sollte es zumindest sein.

Lassen Sie uns nun einige Familiensituationen untersuchen und sehen welche Konsequenzen sich daraus ergeben können.

Typische Familie

Sie besteht aus einem verheirateten Elternpaar, die anschließend mit mindestens einem oder auch mehreren Kindern eine Familie bilden.

Das Elternpaar hat die Aufgabe, ihren Kindern die Werte für das Familien- und das Zusammenleben mit anderen beizubringen. Sie sollen erklären und lehren, welche Handlungen moralisch und ethisch richtig sind, damit ihre Kinder in ihrem Erwachsenenleben richtig handeln und diese Werte ebenfalls weitergeben an ihre eigenen Kinder.

Respekt ist jedem Familienmitglied gleichermaßen zu zollen und über Probleme und Reibereien sollte innerhalb der Familie offen diskutiert werden. Auch sind die inneren Werte wie Rechtschaffenheit und Ehrlichkeit gegenüber anderen unerlässlich und sind von den Eltern an ihre Kinder weiter zu geben. Diese Werte spielen nicht nur in der Familie eine enorm wichtige Rolle, sondern auch in allen anderen Bereichen des Lebens.

Außerdem muss in der Familie sichergestellt sein, dass alle Kinder gleichbehandelt werden, denn sie sind Abkömmlinge des gleichen Elternpaares. Die Kinder haben sich ihre Eltern nicht ausgesucht, sondern die Eltern haben die Kinder erzeugt, ob gewollt oder durch Zufall. Die Kinder können daher Gleichbehandlung und Liebe von Mutter und Vater erwarten und sollten nicht einer bewertenden Rangfolge unterworfen werden.

Es ist menschlich und teilweise nachvollziehbar, dass manchmal ein Elternteil eines der Kinder einem anderen vorzieht. Aber solche Gefühle dürfen keinen Einfluss auf das Familienleben haben, anderenfalls wird schon zu diesem Zeitpunkt Konfliktpotential erzeugt.

Jedes Kind innerhalb der Familie muss die gleichen Rechte und Verpflichtungen haben. Das bedeutet, dass jedes Kind gleichermaßen im Familienleben entsprechend seines Alters und seiner Fähigkeiten gefordert werden muss. Diese Regelung der Gleichbehandlung gilt auch für die späteren Nachlassbestimmungen, die im Erbrecht des Bürgerlichen Gesetz-Buchs – BGB - festgelegt sind und dort nachgelesen werden können.

Wenn die Eltern/Erblasser an einer funktionierenden Familie über ihren Tod hinaus interessiert sind, dann ist eine Voraussetzung, dass alle Kinder gleichbehandelt und

Disharmonien offen angesprochen und ausgeräumt werden. Dies gilt ganz besonders beim Thema Erbschaft und Nachlass, denn nach dem Tod können die Eltern nicht mehr regulierend in den Familienfrieden eingreifen.

Patchwork-Familie

Neben der typischen Familie gibt es auch die sogenannte Patchwork-Familie.

Bei solchen Familien sind Kinder vorhanden, die nicht die gleichen Elternteile haben. Entweder haben Mutter und Vater jeweils eigene Kinder, die in eine Ehe mit eingebracht werden oder ein Ehepartner hat Sprösslinge aus einer früheren Ehe oder Beziehung.

Es sind zwei unterschiedliche Familienkonstellationen, die unterschiedliche Rahmenbedingungen und unterschiedliche Auswirkungen auf den Nachlass haben können:

Ehepartner mit Halbwaisenkind und Ehepartner mit einem Scheidungskind.

Adoptierte Kinder sind biologischen Kindern gleichzusetzen und werden daher nicht gesondert betrachtet.

Ehepartner mit Halbwaise

In diesem Fall hat ein Elternteil seinen Partner durch den Tod verloren und das Halbwaisenkind seine Mutter oder seinen Vater. Das Halbwaisenkind hat in diesem Fall nur noch ein Elternteil, der für die emotionale Erziehung und die Integration in die neue Familie verantwortlich ist. Das

Halbwaisenkind orientiert und fokussiert sich auf den noch lebenden Elternteil. Der Stiefvater in der neuen Familie hat häufig nicht die gleiche Beziehung zu einem Halbwaisenkind wie zu seinen eigenen Kindern, auch wenn Medien und Fernsehfilme ein positiveres Bild zeichnen.

In einem solchen Fall, haben der überlebende Elternteil und der oder die Halbwaisen bereits einen Erbfall hinter sich gebracht. Das Vermögen aus dieser Ehe ist bereits an die gesetzlichen Erben – der überlebende Elternteil und das Halbwaisenkind - übergegangen. Der überlebende Elternteil verwaltet das Erbe des minderjährigen Kindes treuhänderisch.

Neben dem Vermögensübergang ist auch die Zahlung von fälliger Waisenrente zu betrachten. Das Halbwaisenkind hat aufgrund der Einzahlung des verstorbenen Elternteils in die Rentenkasse einen Anspruch auf diese Waisenrente. Diese Waisenrente versteht sich als Unterhalt vom Verstorbenen an das Halbwaisenkind und ist für die Ausbildung und den täglichen Bedarf dieses Kindes bestimmt.

Es ist allerdings häufig der Fall, dass bei einer 2. Ehe dieser Unterhalt für die Versorgung der gesamten Familie herangezogen wird. Es wird also keine separate Verwendung der Waisenrentenzahlung ausschließlich für die Halbwaise vorgenommen.

Dieses Vorgehen ist zwar nicht strafbar, aber es ist zumindest fragwürdig, ganz besonders dann, wenn in einem späteren Erbfall ein solches Halbwaisenkind beim Nachlass noch zusätzlich benachteiligt wird.

Leider kontrolliert der Gesetzgeber nicht die Verwendung der Halbwaisenrente und anderer zweckgebundener Mittel (Unterhalt und Ausbildung des Halbwaisenkinds). Es gilt -

wo kein Kläger, da kein Richter. Das minderjährige Halbwaisenkind hat meist nicht das notwendige Wissen in diesem Bereich, um sein Recht einzufordern.

Das Halbwaisenkind wird in einem solchen Fall oft zu einem Kind zweiter Klasse und als Einkommensproduzent für die Familie degradiert.

Die vorhandenen Halb-Geschwister des Halbwaisenkindes werden in einem zukünftigen Erbfall auch nicht zimperlich sein, ihre wahren Gefühle gegenüber dem Halbwaisenkind zu zeigen. Das gilt besonders dann, wenn das Halbwaisenkind nicht adoptiert wurde, um die Waisenrentenzahlungen im höchstmöglichen Umfang auszuschöpfen.

Halbwaisenrente wird mindestens bis zum Schulabschluss und auch darüber hinaus gezahlt, wenn das Halbwaisenkind sich in der Berufsausbildung befindet. Allerdings darf das Berufsausbildungsgehalt nicht die gesetzlich zulässigen Grenzwerte überschreitet. Damit wird erreicht, dass das Halbwaisenkind solange finanziell abgesichert ist, bis es in der Lage ist, für sich selbst zu sorgen.

In einer solchen Familiensituation ist ganz besonders darauf zu achten, dass das Halbwaisenkind ein Gefühl der Gleichbehandlung und Gleichwertigkeit gegenüber den übrigen Kindern erfährt. Das ist aber nicht immer der Fall. Die daraus resultierenden Missstimmungen sind offen zu adressieren und auszudiskutieren. Die Klärung solcher Missstimmungen ist besonders wichtig, wenn es um die zukünftig eintretende Nachlassverteilung zwischen den Nachkömmlingen geht, um zu verhindern, dass nach dem Tod des Erblassers der Familienfrieden gestört oder der Zusammenhalt der Familie komplett zerstört wird.

Scheidungskinder

Dieser Fall ist ähnlich zu sehen, wie bei dem Halbwaisenkind mit dem Unterschied, dass der unterhaltspflichtige Scheidungselternteil noch lebt und für die emotionale Entwicklung des Scheidungskindes zur Verfügung steht.

Im Normalfall wünscht der Scheidungselternteil auch nach der vollzogenen Scheidung noch ein Teil im Leben des Scheidungskindes zu sein. Der Scheidungselternteil hat in diesem Fall gewöhnlich ein Besuchsrecht und steht bei emotionalen Problemen dem Scheidungskind als Berater und Diskussionspartner zur Seite. Bei schwerwiegenden Problemen kann der Scheidungselternteil, der nicht ständig mit dem Scheidungskind zusammen ist, im Rahmen seiner Sorgerechtsausübung auf bestehende Spannungen in der neuen Familie des Scheidungskindes einwirken und versuchen bei der Lösung zu unterstützen. Ein Halbwaisenkind hat diese Unterstützung nicht.

Für Unterhaltszahlungen des Scheidungskindes gelten die gleichen Regeln wie bei der Halbwaisenrente, es sei denn während der Scheidungsabwicklung ist eine andere Vorgehensweise vereinbart worden. Der unterhaltszahlende Elternteil wird allerdings zum Wohl des Scheidungskindes/sein biologisches Kind ein Augenmerk darauf haben, dass der gezahlte Unterhalt für das Scheidungskind verwendet wird und er kann bei fremdartiger Verwendung des Unterhalts rechtliche Maßnahmen ergreifen.

Ein zusätzliches Spannungspotential kann sich ergeben, wenn der Elternteil, in dessen Haushalt das Scheidungskind leben, einen neuen Partner findet und dieser neue Partner bringt eigene Kinder mit in die Partnerschaft.

Eine solche Konstellation besteht aus zwei Elternteilen, die jeweils ein oder mehrere biologische Kinder mitbringen, die jetzt in einer neuen Patchwork-Familie zu verbinden sind. Eine Gleichbehandlung von den eigenen und den Partnerkindern ist eine echte Herausforderung, weil der jeweils biologische Elternteil zu seinen eigenen Sprösslingen meist eine intensivere Bindung hat als zu denen des neuen Partners. Dazu kommen noch die Spannungen und Streitereien der einzelnen Kinder untereinander, die von beiden Elternteilen einvernehmlich gelöst werden müssen, ohne dass die Bevorzugung des eigenen biologischen Kindes erfolgt.

Auch wenn nicht vom Schlimmsten ausgegangen werden sollte, so ist in der vorstehend beschriebenen Patchwork-Familiensituation das Thema, was passiert, wenn ein Erbfall eintritt, besonders wichtig und bedarf einer eindeutigen Klärung. Es gibt in einer solchen Konstellation einiges zu bedenken: handelt es bei der Patchwork-Familie um eine Partnerschaft oder um eine Ehe, sind die Kinder der beiden Partner vom jeweils anderen Partner adoptiert worden, um nur einige Punkte zu nennen.

Bei minderjährigen Kindern hat das Jugendamt meist ein Wort mitzureden, wenn von dem oder den Erblassern keine eindeutige Weisung für den Todesfall getroffen wurde. In einer solchen Weisung für den Todesfall sollte der Erblasser unter anderem einen Vormund für die minderjährigen Kinder benennen oder das Jugendamt fungiert als Vormund. Bei der Nachlassplanung sind diese Rahmenbedingungen mit zu berücksichtigen und können einen erheblichen Einfluss auf eine Erbauseinandersetzung haben.

Wenn bei einer solchen gemixten Familienkonstellation der Erbfall eintritt und die Kinder/Erben bereits eigene Familien haben, dann kann es schnell zu einer Familienfehde kommen, weil jeder Erbe nur sich und seine eigene Familie im Blick hat. Um eine tragfähige und einvernehmliche Erbauseinandersetzung in dieser Patchwork-Familie zu erreichen, sollten die Erblasser und Erben rechtzeitig vor einem Nachlassfall alle bestehenden Probleme offen diskutieren und aus dem Weg räumen. Eine langwidrige gerichtliche Erbteilung mit hohen Verfahrenskosten kann mit entsprechender Nachlassplanung vermieden werden.

Das größte Probleme in einer solchen Familiensituation ist, welcher Elternteil hat welchen Nachlassgegenstand mit in die Ehe oder die Partnerschaft gebracht und wie ist dieser Gegenstand bei der Erbauseinandersetzung zu bewerten. Welche Nachlassgegenstände sind von dem jeweiligen Erblasser in den Nachlass eingebracht und durch schriftliche Übertragung zu ehelichem Nachlassvermögen worden. Welche Nachlassgegenstände wurden gemeinsam angeschafft und welchen Wert haben diese Gegenstände beim Eintritt des Nachlassfalls. Gibt es einen Zugewinn und wie ist dieser zu verteilen und vieles mehr.

Wenn kein Testament vorhanden ist, wird die gesetzliche Erbfolge eintreten und die ist bei einer solchen Patchwork Familie nicht mehr so einfach feststellbar und die Unterstützung eines kompetenten Rechtsanwalts ist angezeigt. Dieser wird bei der Auslegung der rechtlichen Rahmenbedingungen helfen, wenn es zu Problemen bei der Nachlassauseinandersetzung kommt.

Sollte ein Testament vorliegen, dann hat der oder die Erblasser seinen letzten Willen kundgetan und diesen schriftlich dargelegt. Ob die Erben sich an diesen letzten Willen halten, steht auf einem ganz anderen Blatt, ganz besonders wenn einer der Erben sich benachteiligt fühlt oder objektiv betrachtet auch ist. Die anwaltliche Beratung und ein notarielles Testament ist der einfachste und kostengünstigste Weg den Nachlass in einer komplexen Patchwork-Familie zu regeln, weil grobe Fehler eines privatschriftlichen Testaments und eine gerichtliche Auseinandersetzung weitestgehend vermieden werden.

Nicht nur die Feststellung der einzelnen Nachlassgegenstände und ob diese in den Nachlass gehören oder nicht, ist eine Herausforderung, sondern auch die Feststellung der vom Nachlass betroffenen Erben.

Wenn die Scheidungs- und Halbwaisenkinder nicht von dem jeweils anderen Ehepartner adoptiert wurden, dann sind nicht alle Erben gleichermaßen und gleichberechtigt erbberechtigt. Die unterschiedliche Erbberechtigung wird im Verlauf des Buches noch detailliert erklärt.

Eine solche unklare Sachlage ist aufgrund von durchgeführten Recherchen und Erfahrungen hoch explosiv und führt zu erbitterten Erbstreitigkeiten, wenn der oder die Erblasser keine Vorsorge getroffen haben. Es ist daher jedem Erblasser dringend zu empfehlen, sich umfassend zu informieren und zwar nicht nur aus Büchern oder dem Internet. Diese Informationen sind meist sehr oberflächlich und global gehalten und treffen nicht auf die individuelle Situation zu.

Lieber Erblasser, auch wenn Sie meinen, eine geeignete Lösung allein zu finden und dadurch Kosten zu sparen, werden Sie Fehler machen. Ein kompetenter Fachanwalt wird diese Fehler vermeiden und Probleme bei dem späteren Erbfall minimieren.

Wir bringen Sie gern auf den richtigen Weg. Eine Emailanfrage reicht aus. Die Emailadresse finden Sie am Ende des Buches.

Als Vorbereitung auf unser Fallbeispiel lassen Sie uns zunächst einige Erbschaftsbegriffe erklären

Bedeutung von Erbschaftsbegriffen – Laiensicht

Gesetzestexte sind für den Normalbürger nur schwer zu verstehen und können auch schnell missinterpretiert werden. Die hier dargestellten Begriffe sind aus Sicht eines Normalbürgers beschrieben und dürfen nicht als anwaltliche Beratung betrachtet oder verstanden werden.

Die vorgestellten Abwicklungsmöglichkeiten im Rahmen einer harmonischen Nachlassauseinandersetzung entsprechen dem sogenannten Best-Practise-Ansatz oder Standardvorgehen. Dieser funktioniert nur, wenn alle beteiligten Erben kooperieren. Nur dann wird dieser Ansatz schnell, einfach und kostengünstig zu einer harmonischen Erbauseinandersetzung führen. Es ist unbedingt zu empfehlen, eine gütliche Erbabwicklung anzustreben, damit der Familienfrieden auch nach dem Erbfall erhalten bleibt. Anderenfalls wird es nur Verlierer geben und die Familie des Erblassers wird nicht mehr existieren.

Es ist zu beachten, dass jeder Erbfall einzigartig und individuell ist. Jedes einzelne Detail des Erbfalles ist wichtig und kann den Ausgang einer Erbauseinandersetzung sowohl positiv als auch negativ beeinflussen. Die nachfolgenden Beschreibungen sind Begriffsdefinitionen für unser Beispiel -

Erbauseinandersetzung. Dieses Beispiel stellt den Blickwinkel eines betroffenen Erben dar.

Damit Sie in Ihrem eigenen Erbfall keine Fehler machen, ist nach entsprechender Aufbereitung Ihrer individuellen Erbensituation eine anwaltliche Beratung dringend anzuraten. Das Nachlassgericht und deren Rechtspfleger werden Ihnen keine rechtlichen Antworten geben, weil die Amtsgerichtsbediensteten keine Rechtsberatung durchführen dürfen.

Für Steuerfragen, die sich im Zusammenhang mit einer Nachlassregelung ergeben, sollten Sie entweder Ihr zuständiges Finanzamt oder Ihren Steuerberater ansprechen.

Erbschaft oder Nachlass

Sobald ein Erblasser verstirbt, gehen alle seine Vermögensgegenstände in den Nachlass ein. Alle Gegenstände bilden den Gesamtnachlass, der zwischen den Erben aufgeteilt wird.

Bei diesen Vermögensgegenständen kann es sich um Immobilien und/oder einen Gewerbebetrieb handeln. Auch Kontoguthaben, Hausrat, Antiquitäten, Schmuck, Bilder, Autos und Bargeld können ein Nachlassgegenstand sein. Jeder einzelne Nachlassgegenstand muss mit seinem monetären Wert aufgelistet werden, damit anschließend eine Nachlassteilung erfolgen kann.

All diese Gegenstände zusammengenommen bilden den Gesamtnachlass, der mit dem Tod an die Nachkommen/Erben übergeht. Der Übergang dieser Vermögensgegenstände geschieht mit dem Eintritt des

Todes und bedarf keiner amtlichen Bestätigung. Die Aufteilung der einzelnen Vermögensgegenstände unter den einzelnen Erben, wenn mehr als ein Erbe vorhanden ist, erfordert sehr wohl eine schriftliche und häufig auch notarielle Auseinandersetzung.

Die privatschriftliche Vereinbarung unter den Erben ist auch möglich, kann allerdings zu schwerwiegenden Störungen im Familienleben führen bis hin zur vollständigen Zerstörung einer intakten Familie, wenn jeder Erbe nur seinen eigenen materiellen Vorteil sieht.

Mit dem Eintritt des Erbfalls und dem Eigentumsübergang ist es notwendig, ein Nachlassverzeichnis zu erstellen, in dem alle Vermögensgegenstände aufgelistet werden mit ihrem jeweiligen geldlichen Wert. Es reicht nicht, nur die Gegenstände aufzuschreiben, sondern es muss immer auch der ermittelte Wert des Gegenstandes im Verzeichnis aufgenommen werden.

Eine solche Wertfeststellung ist besonders schwierig, wenn zu dem Nachlass Immobilien oder Gewerbebetriebe gehören. Für deren Wertermittlung müssen kompetente Experten engagiert werden, die die Wertermittlung durchführen.

Um die richtigen Experten zu finden und sicher zu stellen, dass der Nachlassgegenstand korrekt bewertet wird, sind einige Auswahlkriterien für die Experten zu berücksichtigen. Die Erben bekommen nämlich nur die Bewertung, für die sie bezahlen. Das bedeutet, dass eine kostengünstige Bewertung meist nicht den korrekten Marktwert des Nachlassgegenstandes widerspiegelt, weil der beauftragte Experte beispielsweise keine Hausbegehung durchgeführt und Fotos gemacht hat. Eine korrekte Verkehrswertermittlung bekommen Sie nicht für 350 Euro.

Kommt es im späteren Verlauf der Nachlassteilung zu einer gerichtlichen Erbauseinandersetzung und die vorliegende Bewertung wird von einem Erben nicht akzeptiert, dann kann das Gericht eine erneute Bewertung zu Lasten der Erben anordnen, damit eine rechtliche einwandfreie Nachlassteilung erfolgen kann. Um solche doppelten Kosten zu vermeiden, empfiehlt sich es sich, gleich einen kompetenten Schätzer zu engagieren.

Bei Gegenständen wie zum Beispiel Auto oder Hausrat setzen sich die Erben meist zusammen und setzen einen Wert gemeinsam fest. Dies funktioniert allerdings nicht, wenn zum Hausrat Antiquitäten und wertvolle Gemälde gehören oder ein Luxusauto wie ein Porsche oder Jaguar. Bei solchen hochpreisigen Fahrzeugen ist ein amtlich bestellter Experte zu konsultieren, um anschließende Diskussionen bezüglich des Gegenstandswertes zu vermeiden.

Die Erfahrung zeigt, wenn bereits an den Kosten für den Bewertungsexperten gespart wird, dann ist eine gerichtliche Auseinandersetzung des Nachlasses fast nicht mehr zu vermeiden.

Wir können Ihnen gern mit unserer Erfahrung behilflich sein bei Ihrer Suche nach einem geeigneten Experten. Eine kurze Email an die Adresse am Ende dieses Buches ist ausreichend.

Vorweggenommenes Erbe

Bei einem vorweggenommenen Erbe handelt es sich um eine Zuwendung an einen oder mehrere Erben zu Lebzeiten des Erblassers. Die Zuwendung kann ohne Gegenleistung erfolgt sein, dann wäre es eine Schenkung.

Die Zuwendung kann allerdings auch in Form eines Darlehns erfolgen. In diesem Fall gibt der Erblasser dem Erben einen bestimmten Betrag als Kredit mit der Auflage diesen Kredit in Raten zurückzuzahlen. Solange der Erblasser lebt, bleibt es ein Kredit, der nach vollständiger Rückzahlung abgelöst ist. Bei der vollständigen Ablösung vor dem Eintritt des Erbfalles ist es kein vorweggenommenes Erbe mehr.

Es ist allerdings unbedingt anzuraten, dass solche Transaktionen zwischen Erblasser und Erben schriftlich fixiert werden, um bei Bedarfsfall Beweise vorlegen zu können. Ohne schriftliche Beweise besteht für die übrigen Erben keine Möglichkeit den Erben, der den Kredit erhalten hat, in Regress zu nehmen. Im eingetretenen Erbfall kann dieser Erbe zu seinen Gunsten und dem Nachteil der übrigen Erben die Aussage verweigern oder sogar lügen und sich so am Nachlass des Erblassers bereichern.

Verstirbt der Erblasser während der Rückzahlung des Darlehens, dann wird dieser Kredit in der noch bestehenden Höhe zum vorweggenommenen Erbe. Als solches muss die noch bestehende Restschuld in das Nachlassverzeichnis aufgenommen werden und es verringert den Erbanteil des Erben, der den Kredit erhalten hat. Das ist eine schnelle und einfache Lösung.

Sollten die übrigen Erben mit dieser Abwicklung des Darlehens nicht einverstanden sein, dann reicht es aus, wenn ein Erbe der Erbengemeinschaft die Rückzahlung des noch offenen Darlehensbetrags einfordert. Der Schuldner, in diesem Fall der Erbe, der den Kredit vom Erblasser bekommen hat, muss diesen Kredit dann kurzfristig tilgen. Die Tilgung erfolgt dahingehend, dass der offene

Darlehensbetrag auf das Nachlassbankkonto des Erblassers eingezahlt oder überwiesen wird.

Für welchen Weg die Erben sich entscheiden, bleibt ihnen überlassen, aber eines ist unbestreitbar: der Erbe, der den Kredit erhalten hat, muss die Mitglieder der Erbengemeinschaft über den Bestand des Darlehens informieren. Sollte der Erbe dies nicht tun, dann wird im besten Fall ein saurer Beigeschmack bei den übrigen Erben entstehen und im schlechtesten Fall ist zu prüfen, in wieweit dieser Erbe einen Betrug oder Unterschlagung begeht, die gerichtlich zu verfolgen ist.

Welche Bewertung der Sachlage auch vorgenommen wird, der Familienfrieden, wenn er noch vorhanden war, wird auf jeden Fall Schaden nehmen. Wollen Sie, lieber Erblasser, das riskieren? Wenn nicht, dann sollten Sie entsprechende Vorsorge treffen, indem Sie dieses Thema offen ansprechen, solange Sie noch testierfähig sind. Außerdem sollten Sie alle mit einem oder allen Erben getroffenen Vereinbarungen schriftlich dokumentieren, denn auch Erben haben manchmal Gedächtnisverlust.

Kommen wir jetzt zu einigen Nachlassgegenständen, die zu erheblichen Problemen führen können. Diese Probleme können darin liegen, dass sich die Erben nicht einigen können, wer welchen Gegenstand bekommt und wie viel dieser Gegenstand wert ist.

Immobilie

Wenn zum Nachlass des Erblassers eine Immobilie gehört und mehr als ein Erbe vorhanden ist, dann ist bereits eine Erbauseinandersetzung vorprogrammiert.

Eine Immobilie geht mit dem Eintritt des Todes in das Eigentum der Erbengemeinschaft über, auch wenn dieser Eigentumsübergang erst mit Eintrag im Grundbuch für die Öffentlichkeit sichtbar wird. Keiner der Erben kann über die Immobilie allein verfügen. Alle Erben müssen gemeinsam die Verwaltung und die Instandhaltung der Nachlassimmobilie bis zur endgültigen Teilung dieses Nachlassgegenstandes übernehmen.

Sollte es zu Unstimmigkeiten bei der Verwaltung kommen, dann entscheidet die Mehrheit der Erben. Eine Ausnahme gibt es nur bei Notfallmaßnahmen wie zum Beispiel, wenn die Immobilie aufgrund eines Sturms einen Dachschaden hat und sofort Maßnahmen erfolgen müssen, um weiteren Schaden abzuwenden. In einem solchen Fall kann ein Erbe allein die Notfallmaßnahmen veranlassen, aber nicht die komplette Reparatur beauftragen. Die Reparatur kann nur von allen Erben nach einer gemeinsamen Entscheidung beauftragt werden.

Die Immobilie ist ein Nachlassgegenstand im Gesamthandseigentum der Erbengemeinschaft. Das heißt, jedem Erben gehört nur ein Anteil an der Immobilie und dieser Anteil ist nicht der Keller oder das Dachgeschoss, sondern von jedem einzelnen Zimmer in der Immobilie besitzt jeder Erbe einen Bruchteil. Bei einer Erbengemeinschaft mit drei Erben wäre das ein Drittel – ein Drittel der Küche, ein Drittel des Wohnzimmers, des Badezimmers usw.

Eine Aufteilung unter den Erben in einer solchen Konstellation ist nicht möglich. Die Erben werden sich einigen müssen, wie sie diese Immobilie bzw. den monetären Gegenwert verteilen wollen.

Um die Immobilie bzw. deren Wert aufzuteilen, könnten die Erben sich einigen, dass einer der Erben die Immobilie in sein Eigentum übernimmt und die übrigen Erben der Erbengemeinschaft entsprechend dem Wert der Immobilie auszahlt.

In dieser Situation muss zunächst ein Wertgutachten der Immobilie erstellt werden. Dieses Wertgutachten ist von einem vereidigten Sachverständigen zu erstellen, damit es später nicht zu Diskussionen über die Korrektheit des Wertgutachtens und die anschließende Verteilung des ermittelten Geldwertes der Immobilie kommt.

Der ermittelte Verkehrswert der Immobilie wird auf Basis der gesetzlichen Erbfolge oder eines bestehenden Testaments auf die Mitglieder der Erbengemeinschaft verteilt. Der Erbe, der die Immobilie übernimmt, muss seinen Miterben deren Anteile an der Immobilie in Geld auszahlen. Im Gegenzug übertragen die Miterben ihre Anteile an der Immobilie an den übernehmenden Erben und erhalten eine schriftliche Auszahlungszusage vom übernehmenden Erben.

Eine solche Eigentumsübertragung der Immobilie innerhalb der Erbengemeinschaft bedarf eines notariellen Vertrages. Dieser Vertrag kann allerdings erst erstellt werden, wenn der Erbschein für den Gesamtnachlass vorliegt.

Es ist daher zunächst ein Nachlassverzeichnis von den Erben zu erstellen und dieses ist beim zuständigen Nachlassgericht einzureichen. Neben dem Nachlassverzeichnis müssen auch die Namen und Adressen aller Erben des Erblassers beim Nachlassgericht gemeldet werden.

Nach dem Vorliegen der notwendigen Informationen erstellt das Nachlassgericht den Erbschein und übersendet diesen dem beantragenden Erben. Es gibt nur einen Original-Erbschein und dieser gilt für jeden Erben als Erbennachweis in der Nachlassangelegenheit.

Der Erbschein wird mit dem von den Erben geschlossenen Notarvertrag für die Übertragung der Immobilie beim zuständigen Amtsgericht für die Umschreibung der Immobilie eingereicht. Auf Basis dieser Dokumente erfolgt die Umschreibung der Eigentumsverhältnisse der Nachlassimmobilie im Grundbuch.

Die vorstehende Beschreibung gilt für die einvernehmliche Teilung einer Immobilie. Aber es geht auch anders und zwar dann, wenn die Erben der Erbengemeinschaft sich nicht über den Verkehrswert und die Verteilung der Immobilie einigen können. In einem solchen Fall wird die Immobilie im Rahmen einer Teilungsversteigerung zur Aufhebung einer Eigentümergemeinschaft beim zuständigen Amtsgericht zwangsversteigert.

Bei der Teilungsversteigerung handelt es sich um einen Sonderfall einer Zwangsversteigerung. Meist betreibt ein Darlehensgläubiger eine Zwangsversteigerung, wenn der Darlehensschuldner ein fälliges Darlehen oder dessen Kreditraten nicht mehr zahlen kann und der Darlehensgläubiger von seinem vertraglich vereinbarten Verwertungsrecht Gebrauch macht.

Bei der Teilungsversteigerung im Rahmen einer Nachlassauseinandersetzung betreibt einer der Erben die Teilungsversteigerung, um die Immobilie aus einer Erbengemeinschaft in sein Alleineigentum zu bekommen.

Eine solche Teilungsversteigerung kann für einen Erben die Möglichkeit sein, kostengünstig an seine Nachlassimmobilie zu gelangen, weil die übrigen Erben nicht mitbieten wollen oder können. Details, wie eine solche Versteigerung abläuft, werden in dem noch folgenden Beispielfall beschrieben.

Sollte keiner der Erben der Erbengemeinschaft an der Immobilie interessiert sein, so kann die Immobilie auch mit der Genehmigung aller Erben auf dem Immobilienmarkt verkauft werden. Die Erben teilen sich in dem Fall den im Verkauf erzielten Erlöse gemäß Testament oder gesetzlicher Erbfolge. Ein solch freihändiger Verkauf ist immer einer Teilungsversteigerung vorzuziehen, weil der Erlös profitabler für die Erbengemeinschaft ist.

Konten bei Bankinstituten

Zum Nachlass gehören auch Bankkonten – Girokonto, Sparkonten, Depots und gegebenenfalls auch Darlehen -, die im Erbfall zu verteilen sind. Und hier wird es dann kompliziert, weil zusätzlich zu den rechtlichen Erbschaftsfakten noch die Allgemeinen Geschäftsbedingungen – AGBs - der Bankinstitute zu berücksichtigen sind.

Bankinstitute sind zwar auch an das Erbrecht gebunden, erschweren die Nachlassabwicklung aber durch eigene Rechtsauslegungen, die sich aus ihrem Geschäftsbesorgungsvertrag für die Kontenverwaltung ergeben. Diese Auslegungen können den Erben erhebliche Schwierigkeiten bereiten, wie noch dargestellt wird.

Bis zum Tode ist der Erblasser Kontoinhaber und verfügt über den vorhandenen Kontobestand. Wenn der Kontoinhaber einen Bevollmächtigten für das Konto bestimmt hat, dann bleibt je nachdem wie die Vollmacht erteilt worden ist, diese Vollmacht auch über den Tod hinaus aktiv, obwohl der Kontoinhaber jetzt die Erbengemeinschaft ist. Für das Bankinstitut ändert sich im Zusammenhang mit der Verfügungsgewalt nichts mit dem Tod des Erblassers, weil eine Vollmacht besteht.

Das bedeutet, dass der Bevollmächtigte nach wie vor über das oder die Konten des Erblassers verfügen kann, allerdings wird er nicht mehr vom Erblasser kontrolliert. Gegenüber den Erben ist der Bevollmächtigte nicht zur Auskunft verpflichtet und ob der Bevollmächtigte Auskunft erteilt, hängt von seiner Kooperation ab.

Wenn ein Erbe ohne Vollmacht für die Konten des Erblassers bei dem Bankinstitut Kontoauskunft verlangt, dann wird das Bankinstitut die Auskunft mit dem Hinweis auf das Bankgeheimnis verweigern, auch wenn er ein Erbe des Erblassers ist und ein Teil des Kontobestandes ihm erbrechtlich zusteht.

Das Problem in dieser Angelegenheit ist, dass die Banken sich gemäß ihrer AGBs auf die Auskunftsverweigerung gegenüber den Erben berufen können, weil es einen Bevollmächtigten gibt. Um die Informationen zu bekommen, die Ihnen als Erbe zustehen, sollten Sie unbedingt die Vollmacht des Bevollmächtigten widerrufen. Der Bevollmächtigte verliert so die Verfügungsgewalt über die Konten und jeder Erbe kann jetzt Kontoauskunft vom Bankinstitut verlangen.

Dem Bankinstitut wird das nicht gefallen und es wird versuchen, das zu verhindern, weil das Konto in diesem Fall nur noch von allen Erben gemeinsam verwaltet werden kann. Sämtliche Kontoverfügungen bedürfen ab dem Widerruf der Bankvollmacht die Unterschrift aller Erben, damit die Verfügung ausgeführt wird. Sämtliche Kontoinformationen wie zum Beispiel Kontoauszüge müssen an jeden einzelnen Erben versandt werden.

Sie haben als Erbe keine andere Möglichkeit den Bevollmächtigten zu kontrollieren, wenn dieser nicht kooperiert. Der Bevollmächtigte kann im schlimmsten Fall die Konten, für die er bevollmächtigt ist, abräumen und auflösen, ohne dass Sie, einer der rechtmäßigen Erben, dies feststellen oder verhindern können.

Wenn Sie in dieser Situation das veruntreute Geld zurückbekommen wollen, werden Sie ein ziviles Gerichtsverfahren betreiben müssen. Sie werden in diesem Fall den Bevollmächtigten oder Ihren Miterben, wenn er der Bevollmächtigte ist, mit eindeutigen schriftlichen Beweisen verklagen müssen. Auf die Unterstützung der Banken für die Beweisbeschaffung können Sie nicht rechnen, weil diese nur mit dem verstorbenen Kontoinhaber einen Vertrag oder Vereinbarung hatten aber nicht mit Ihnen, dem Erben.

Es ist daher angebracht, sämtliche Bankvollmachten bei allen Bankinstituten zu widerrufen, ganz besonders, wenn sich bereits Spannungen und Probleme innerhalb der Erbengemeinschaft andeuten und einer der übrigen Erben der Bevollmächtigte ist.

Der Vollmachtswiderruf erfolgt formlos bei der Bank mit Nennung der Bankverbindungsdaten. In der schriftlichen Widerrufsmitteilung fügen Sie eine Kopie der Sterbeurkunde, des amtlich eröffneten Testaments, das Sie als Erben ausweist, und eine Kopie Ihres Ausweises bei. Die Bank darf gemäß Gerichtsurteil keinen Erbschein von Ihnen verlangen.

Nach dem Vollmachtswiderruf gehört der Kontenbestand und sämtliche Informationen zu den Konten der Erbengemeinschaft. Alle Mitglieder der Erbengemeinschaft können die Kontoinformationen anfordern und den Kontobestand einsehen. Verfügungen über den Kontobestand können die Erben nur gemeinsam vornehmen und die Verfügungen müssen von allen Erben unterschrieben werden.

Die Bankinstitute werden und dürfen sich nicht einmischen, um die Erbschaftsauseinandersetzung zu beschleunigen. Aber sie haben einen Vorteil von einer langen Erbauseinandersetzung. Je länger die Einigung der Erben sich hinzieht, umso länger können die Bankinstitute jeden Monat Kontoführung- und Verwaltungsgebühren berechnen und dem Konto des Erblassers belasten. Diese Kosten gehen zu Lasten der Nachlassmasse.

Der periodische Versand der Kontoauszüge ist gesetzlich vorgegeben und muss an den jeweiligen Kontoinhaber erfolgen, damit dieser die Kontoverfügungen kontrollieren kann. Das bedeutet aber nicht, dass diese Kontoauszüge auch tatsächlich versandt werden insbesondere in einer Nachlassangelegenheit. Meist müssen Sie, lieber Erbe, jede Versendung persönlich/schriftlich bei jedem einzelnen Bankinstitut anfordern. Jeder Erbe der Erbengemeinschaft erhält eine Kopie des aktuellen Kontoauszugs nach entsprechender Anforderung.

Hausrat

Auch der Hausrat des Erblassers ist ein Teil des Nachlasses. Dabei gilt, dass jeder einzelne Gegenstand des Hausrats allen Miterben der Erbengemeinschaft als Gesamthandseigentum gehört. Das heißt, jeder einzelne Gegenstand muss unter allen Erben entweder gemäß der gesetzlichen Erbfolge oder wenn ein Testament mit einer Teilungsvorgabe vorliegt, gemäß dieser Teilungsvorgabe aufgeteilt werden.

Zum besseren Verständnis: Von jeder Kaffeetasse oder jedem Suppenteller erhalten Sie, lieber Erbe, nur einen Bruchteil und nicht eine ganze Tasse oder einen ganzen Suppenteller. In einer gesetzlichen Erbengemeinschaft von drei Erben erhalten Sie 1/3 Kaffeetasse oder 1/3 Suppenteller. Eine solche Verteilung der einzelnen Nachlassgegenstände ist nicht praktikabel; was können Sie schließlich mit einer 1/3 Kaffeetasse anfangen? Es wird daher den Erben keine andere Möglichkeit bleiben, als gemeinsam festzulegen, wer welchen Gegenstand oder Gegenstände aus der Masse des Hausrates erhält.

Wenn diese Verteilung festgelegt ist, ist noch festzustellen, dass die jeweiligen Nachlassgegenstände auch wertmäßig passen. Das bedeutet, wenn ein Erbe zum Beispiel eine antike Uhr erhält, die einen Wert von 1.000 Euro hat, dann stehen den Miterben ähnliche Gegenstände aus dem Nachlass zu, die ebenfalls 1.000 Euro entsprechen. Sollten solche Gegenstände nicht vorhanden sein, dann hat der Erbe, der den Nachlassgegenstand antike Uhr erhält, den übrigen Miterben einen Geldausgleich zu zahlen.

In dem Fall, dass der Erbe mit der antiken Uhr dies nicht kann oder nicht will oder die Erben einigen sich nicht über die Verteilung des Hausrats, dann bleibt den Erben nur eine

Lösung: der Verkauf mittels eines öffentlichen Auktionators. Der bei diesem Auktionsverkauf erzielte Erlös ist unter den Erben aufzuteilen gemäß der gesetzlichen Erbfolge oder eines bestehenden Testaments.

Eines ist ganz wichtig in diesem Zusammenhang: Es besteht kein Anrecht eines Erben gegenüber den übrigen Erben der Erbgemeinschaft auf die Herausgabe eines bestimmten Hausratsgegenstandes, es sei denn, der Erblasser hat dies testamentarisch verfügt.

Auch hier ist Vorsicht geboten. Eine solche Verfügung könnte eventuell auch als Schenkung interpretiert werden. Die Klärung einer solchen Situation wird nur ein Fachanwalt herbeiführen können, wenn die Erben keine einvernehmliche Einigung erreichen.

Antiquitäten und Gemälde

Gehören zu den Nachlassgegenständen Gemälde und/oder Antiquitäten wie zum Beispiel Biedermeier-Möbel, dann werden Sie um einen vereidigten Schätzer nicht herumkommen. Anderenfalls werden Schnäppchenjäger bei Ihnen fündig und Sie bekommen nicht den tatsächlichen Wert dieser Nachlassgegenstände.

Bei wertvollen Nachlassgegenstände ist die Versteigerung in einer öffentlichen Auktion der beste Weg, einen adäquaten Preis für die Gegenstände zu erhalten, wenn die Erben kein Interesse an den Gegenständen haben. Sie können die Gegenstände auch bei einem Kunsthändler in Kommission geben, wenn Sie einen solchen in Ihrem Bekanntenkreis haben.

Der in der Versteigerung oder dem freihändigen Verkauf erzielte Erlös wird gemäß dem Erbgesetz oder dem bestehenden Testament zwischen den Erben aufgeteilt.

Welchen Weg Sie für den Verkauf dieser Nachlassgegenstände wählt, kann nur von allen Erben der Erbengemeinschaft gemeinsam getroffen werden. Jeder Erbe hat das Recht, dass seine Meinung gehört und berücksichtigt wird.

Schmuck

Schmuckgegenstände des Erblassers werden häufig unter den Erben aufgeteilt, weil es sich um Erinnerungsstück an den Verstorbenen handelt. Sie gehen in das Eigentum des jeweiligen Erben über, wenn alle Erben sich einig sind und jeder sein Wunsch-Schmuckstück erhalten hat.

Vor der Verteilung sollten sämtliche Schmuckstücke von einem Juwelier geschätzt werden, damit es bei der Aufteilung des Schmucks keinen Streit gibt bezüglich des Wertes. Jedem Erben steht nur ein Bruchteil an jedem vorhandenen Schmuckstück zu und auch hier muss die Aufteilung auf Basis des Testaments oder der gesetzlichen Erbfolge umgesetzt werden.

Wenn keine einvernehmliche Einigung unter den Erben möglich ist, dann bleibt nur die Möglichkeit des freien Verkaufs über einen Juwelier oder die Versteigerung oder als letzte Möglichkeit das Einschmelzen in einer Scheideanstalt. Der erzielte Geldwert dieser Nachlassgegenstände ist entsprechend aufzuteilen.

Beim Einschmelzen des Schmucks erhält die Erbengemeinschaft den Materialwert (Gold und Silber) als Geldwert von der Scheideanstalt. Dieser Betrag wird unter den Erben aufgeteilt. Der Materialpreis pro Unze berechnet sich nach dem Tageskurs des jeweiligen Edelmetalls.

Sie müssen darauf achten, dass Sie auch einen Gegenwert für die Schmucksteine wie zum Beispiel Diamanten, Saphire etc. erhalten oder Sie müssen die Steine zurückfordern von der Scheideanstalt, wenn Sie keine Bezahlung dafür bekommen.

Auto

Für ein Auto gilt das gleiche wie für den Hausrat. Es handelt sich um einen unteilbaren Nachlassgegenstand. und die Erben müssen sich einigen, wer das Auto in sein alleiniges Eigentum übernehmen möchte.

Damit die Eigentumsübereignung des Autos erfolgen kann, muss zunächst der Wert des Autos ermittelt werden, damit so festgelegt werden kann, wieviel Geld jeder Erbanteil an dem Auto repräsentiert. Der übernehmende Erbe muss jedem seiner Miterben den Anteil an dem Pkw entsprechend auszahlen.

Um den Wert des Fahrzeugs, die Teilung des Geldwertes und die Übertragung des Pkw-Anteils zu dokumentieren, ist ein privatschriftlicher Abtretungsvertrag aufzusetzen. Diese Vereinbarung ist von allen Erben zu unterschreiben, bevor das Auto umgemeldet werden darf.

Mit diesem Abtretungsvertrag übertragen die Miterben ihren Anteil an dem Auto des Erblassers auf den übernehmenden Erben, der wiederum im Gegenzug den Miterben den errechneten Geldwert des Autos auszahlt. Es handelt sich um einen Verkauf des Autos innerhalb der Erbengemeinschaft.

Der übernehmende Erbe erhält im Rahmen dieses Verfahrens den Kfz-Brief für den Pkw und er muss das Fahrzeug zeitnah ummelden und die versicherungstechnischen Details regeln. Solange die Ummeldung und die Versicherung nicht geändert sind, haften alle Erben der Erbengemeinschaft für das Fahrzeug und dessen Nutzung.

Aber aufgepasst! Manchmal möchte einer der Erben den Pkw zwar übernehmen, aber weil das Auto alt ist, will er der Erbengemeinschaft keinen monetären Ausgleich zahlen.

Selbst wenn ein Auto alt ist, hat es dennoch einen Wert und wenn es nur der Schrottwert ist. Als Erbe sollten Sie vorsichtig sein und nicht gleich auf ihren Anteil am Auto verzichten. Denn wenn Sie einmal verzichtet haben, dann ist es schwierig, dieses wieder rückgängig zu machen, wenn Sie im Nachgang feststellen, dass der übernehmende Erbe Sie über den Wert des Autos getäuscht hat.

Details zu diesem Thema werden im Fallbeispiel beschrieben.

Wenn es zu keiner Einigung bezüglich des Fahrzeugwertes kommt oder keiner der Erben das Auto haben will, dann bleibt auch hier nur die öffentliche Versteigerung oder ein freihändiger Verkauf. Der dabei erzielte Erlös wird unter den Erben aufgeteilt wie bereits beschrieben.

Historische Autos und Luxusautos

Bei historische Autos und Luxusautos werden Sie um einen vereidigten Sachverständigen für die Wertermittlung nicht herumkommen, weil in diesem besonderen Fall nicht die üblichen Marktregeln nach Angebot und Nachfrage gelten.

Luxusautos verlieren häufig schneller an Wert als normale Pkws und einen Käufer zu finden, ist nicht ganz einfach. Eine Möglichkeit für die Wertfeststellung ist zum Beispiel ein Autohaus, das sich auf den Verkauf von solchen Autos spezialisiert hat. Diese sind manchmal bereit ein solches Auto in Kommission zu nehmen und die Erbengemeinschaft erhält erst den Erlös für einen solchen Luxusschlitten, wenn dieser verkauft wurde.

Bei historischen Fahrzeugen ist der Markt noch schwieriger, weil es sich bei diesen Fahrzeugen um Liebhaberstücke handelt, die häufig nur von Nostalgikern oder Fans der guten alten Zeit gekauft werden. Solche Käufer sind allerdings schwer zu finden und es kann eine Zeit dauern, bis die Erbengemeinschaft einen zahlungswilligen Käufer findet.

Ganz sicher aber wird die Erbengemeinschaft nicht den Preis für das historische Fahrzeug erhalten, den der Erblasser zuzüglich der Kosten für die Restaurierung und Instandhaltung des Schmuckstückes dafür bezahlt hat.

Gesetzliche Erben

Bei den gesetzlichen Erben handelt es sich um die direkten Nachkommen des oder der Erblasser. Bei diesen Nachkommen kann es sich um leibliche, adoptierte und Stief-Kinder handeln und schon beginnt es kompliziert zu werden.

Die leiblichen und adoptierten Kinder erben jeweils zu gleichen Teilen vom Erblasser, während bei Stiefkindern dies nicht der Fall ist. Stiefkinder erben nur zu gleichen Teil vom Nachlass des jeweiligen biologischen Elternteils.

Die nachfolgenden Beispiele basieren auf dieser Erbschaftsverteilung ohne Testament:

Beispiel 1:

Die Familie besteht aus Vater, Mutter, zwei leiblichen Kindern und ein adoptiertes Kind. Der Nachlass wird gemäß des BGB-Erbrechts verteilt (Es gibt kein Testament). Der Vater verstirbt, die Mutter und Kinder leben noch.

Das Gesamtvermögen der Familie gehört in diesem Fall den Eltern gemeinsam. Wenn ein Elternteil verstirbt, dann wird 50 % dieses Gesamtvermögens zum Nachlassvermögen, das unter den gesetzlichen Erben zu verteilen ist. Die restlichen 50 % des Gesamtvermögens der Ehe verbleiben unangetastet im Eigentum des überlebenden Ehepartners/Elternteils und werden nicht erbrechtlich betrachtet und verteilt.

Verteilung in diesem Fall 1:

Der überlebende Ehepartner/Elternteil erhält die Hälfte des zur Verteilung kommenden Nachlassvermögens. Dieser Teil des Nachlassvermögens gehörte dem verstorbenen Erblasser.

Die drei Kinder bekommen die verbleibende Hälfte des zur Verteilung kommenden Nachlassvermögens zu gleichen Teilen (ein Drittel) des Nachlassvermögens.

In Zahlen bedeutete dies:

Das Gesamtvermögen des Ehepaares beträgt 100.000 Euro. Jedem Ehepartner steht von diesen 100.000 Euro jeweils 50.000 Euro zu.

Der überlebende Ehepartner behält seinen Anteil am Gesamtvermögens von 50.000 Euro im Eigentum und dieser Anteil ist kein Nachlassvermögen, das zur Verteilung ansteht.

Das Nachlassvermögen, das zur Verteilung kommt, ist nur der Anteil des Verstorbenen in Höhe von 50.000 Euro.

Der überlebende Ehepartner erhält von diesen 50.000 Euro 25.000 Euro und die restlichen 25.000 Euro werden unter den drei Kindern auf Basis des Erbrechts verteilt. Das bedeutet, jedes Kind erhält ein Drittel, das entspricht 8.333,33 Euro.

Beispiel 2:

Die Familie besteht aus Vater, Mutter, drei leiblichen Kindern des Vaters. Eines der Kinder ist ein Stiefkind der Mutter (die Mutter ist nicht die biologische Mutter und sie hat das Stiefkind nicht adoptiert). Der Nachlass wird gemäß dem gesetzlichen Erbrecht verteilt. Der Vater verstirbt, die Mutter und die Kinder leben noch und erben.

Verteilung im diesem Beispiel 2:

Die Mutter erhält die Hälfte des zur Verteilung kommenden Nachlassvermögens. Dieser Teil des Nachlasses war dem verstorbenen Erblasser zuzurechnen.

Die leiblichen Kinder des Vaters bekommen die verbleibende Hälfte zu gleichen Teilen, also jeweils ein Drittel dieser Nachlasshälfte. Das Stief-Kind der Mutter ist ein leibliches Kind des Vaters und ist damit erbberechtigt zu gleichen Teilen.

Beim späteren Tod der Mutter gehört das Stiefkind nicht zu den gesetzlichen Erben und ist nicht erbberechtigt. Das Nachlassvermögen beim Tod der Mutter wird nur zwischen den beiden biologischen Kindern der Mutter/Erblasser aufgeteilt

Das Zahlenbeispiel sieht wie folgt aus:

Das zur Verteilung kommende Nachlassvermögen des Vaters sind 50.000 Euro, davon erhält die Mutter 25.000 Euro und jedes Kind bekommt 8.333,33 Euro.

Beim Versterben der Mutter besteht das Nachlassvermögen aus den 50.000 Euro zuzüglich der ererbten 25.000 Euro vom verstorbenen Ehemann (Zinsen oder sonstiger Wertzuwachs ist nicht berücksichtigt). Das entspricht 75.000 Euro und dieser Betrag wird zwischen den beiden biologischen Kindern aufgeteilt. Jedes Kind erhält in diesem Fall 37.500 Euro und das Stiefkind erhält nichts.

Beispiel 3:

Die Familie besteht aus Vater, Mutter, zwei leiblichen und einem Stief-Kind. Der Vater ist nicht der biologische Vater des Stief-Kindes. (Das Stief-Kind stammt aus einer früheren Ehe der Mutter und ist vom Vater nicht adoptiert worden). Der Nachlass wird gemäß dem gesetzlichen Erbrecht verteilt. Der Vater ist verstorben, die Mutter und die Kinder leben noch.

Verteilung in diesem Fall 3:

Die Mutter erhält die Hälfte des zur Verteilung kommenden Nachlassvermögens. Dieser Teil des Nachlasses war dem verstorbenen Erblasser/Vater zuzurechnen.

Die beiden leiblichen/biologischen Kinder aus der Ehe des Erblassers und der überlebenden Mutter bekommen die verbleibende Hälfte zu gleichen Teilen. Das Stief-Kind ist kein leibliches/biologisches Kind des Erblassers/Vater und ist auch nicht adoptiert worden; es ist daher nicht erbberechtigt für das zur Verteilung kommende Nachlassvermögen des Vaters/Erblassers. Das Stiefkind geht leer aus.

Das Stiefkind des Erblassers bekommt erst seinen Anteil am Nachlass, wenn die überlebende Mutter, die die biologische Mutter von allen drei Kindern ist, verstirbt.

Das Zahlenbeispiel sieht wie folgt aus:

Das zur Verteilung kommende Nachlassvermögen des Vaters sind 50.000 Euro, davon erhält die Mutter 25.000 Euro und die biologischen Kinder bekommen jeweils 12.500 Euro.

Beim Versterben der Mutter besteht ihr Nachlassvermögen aus den 50.000 Euro zuzüglich der ererbten 25.000 Euro vom verstorbenen Ehemann (Zinsen oder sonstiger Wertzuwachs ist nicht berücksichtigt). Das entspricht 75.000 Euro und dieser Betrag wird unter den drei biologischen Kindern des Erblassers/Mutter verteilt. Jedes Kind erhält in diesem Fall 25.000 Euro.

Beispiel 4:

Wenn beide Elternteil gleichzeitig versterben, dann wird das vorhandene Nachlassvermögen unter den gesetzlichen Erben aufgeteilt. Die leiblichen und adoptierten Kinder bekommen von ihrem biologischen Erblasser den gesetzlichen Erbanteil, während ein Stiefkind je nach Erbsituation (biologischer Elternteil oder nicht) entweder einen gesetzlichen Erbteil erhält oder leer ausgeht.

Das Nachlassvermögen umfasst in diesem Fall alles, was den Erblassern gehörte. Welche Nachlassgegenstände zu dem Nachlass gehören, ist bereits vorstehend beschrieben. Es kann allerdings bei der Erbauseinandersetzung zu Diskussionen kommen, welcher Nachlassgegenstand welchem Erblasser zuzurechnen und wie dieser Gegenstand anschließend aufzuteilen ist. Eine anwaltliche Beratung und/oder gerichtliche Auseinandersetzung wird bei einer solchen Erbschaftssituation schwer zu vermeiden sein.

Diese gesetzliche Nachlassregelung wird bei der normalen Familie (keine Scheidung und/oder Wiederverheiratung) funktionieren, aber bei Patchwork-Familien ist erhebliches Streitpotential vorhanden.

Wenn der oder die Erblasser an einem harmonischen Zusammenhalt der Familie auch nach ihrem Ableben interessiert sind, dann sollten sie sich dieser Sachlage bewusst sein und entsprechend rechtzeitig Vorsorge treffen.

Tun sie dies nicht, weil sie eventuell befürchten, dass bei einer offenen Diskussion dieser Punkte sich das benachteiligte/nicht adoptierte Kind zurückzieht, dann legen die Erblasser damit den Grundstein zu einer Familienfehde, an deren Ende die Auflösung der gesamten Familienstruktur stehen kann.

Familienliebe und Familienzusammengehörigkeit sind keine Einbahnstraße und jedes Familienmitglied, biologisches, adoptiertes und auch das Stief-Kind, hat den gleichen Respekt und die gleiche Behandlung verdient. Alle Mitglieder einer Familie haben die gleiche Verpflichtung an einer harmonischen Erbauseinandersetzung mitzuwirken. Das gilt sowohl für die Elternteile gegenüber ihren Kindern als auch der Kinder gegenüber ihren Eltern als auch der Kinder/Erben untereinander.

Anderenfalls ist eine gerichtliche Auseinandersetzung vorprogrammiert und das Nachlassvermögen, für das die Erblasser so hart gearbeitet haben, wird ausgegeben für Gerichtsverfahren, Gebühren und Verfahrenskosten. Und wenn keine Einigung erreicht wird, freut sich spätestens nach 30 Jahren der Staat über einen Geldsegen aus diesem Nachlass.

Liebe Erblasser, wollen Sie das wirklich riskieren?

Alleinerbe

Wenn der Erblasser nur ein Kind hat, dann wird dieses nach dem gesetzlichen Erbrecht den gesamten Nachlass erben. Das ist der einfachste Fall und der Erbe muss mit niemandem teilen.

Die einzige Ausnahme ist, wenn der Erblasser mit seinem einzigen Erben zerstritten ist und seinen Nachlass testamentarisch an einen Dritten oder eine Organisation vermacht hat.

In diesem Fall hat der Alleinerbe noch immer das Anrecht auf seinen Pflichtteil und das ist in einem solchen Fall 50 % vom Gesamtnachlass.

Dieser Pflichtteilsanspruch geht nur verloren, wenn der Erbe zum Beispiel dem Erblasser nach dem Leben getrachtet hat und das muss auch nachweisbar sein. Reine Behauptungen reichen nicht aus.

Erbengemeinschaft

Sobald mehr als ein Erbe erbberechtigt ist, formt sich eine Erbengemeinschaft. Bei einer Erbengemeinschaft gehören sämtliche Nachlassgegenstände der Erbengemeinschaft als Gesamthandseigentum.

Gesamthandseigentum bedeutet, dass von jedem einzelnen Gegenstand - jedem Trinkglas, jedem Bettlaken, jedem Buch, jedem Teller und so weiter – jedem Erben ein Bruchteil gehört. Die Erben können nur gemeinsam über den Gesamtnachlass verfügen. Keiner der Erben hat einen Anspruch auf einen speziellen Nachlassgegenstand und kann auch nicht über einen speziellen Nachlassgegenstand allein verfügen. Andererseits kann auch kein Erbe gezwungen werden, einen speziellen Nachlassgegenstand aufzugeben, nur, weil die Mehrheit der übrigen Erben das so will. In einer solchen Situation ist eine gerichtliche Auseinandersetzung vorprogrammiert.

Wenn die Erbengemeinschaft aus zwei Erben besteht, dann gehören jedem Erben 50 % (oder auch die Hälfte) eines jeden Nachlassgegenstandes. Sollten mehr als zwei Erben zu der Erbengemeinschaft gehören, dann werden die Bruchanteile kleiner und es wird immer schwieriger die Teilung der einzelnen Nachlassgegenstände herbeizuführen.

Um dieses Dilemma zu lösen, müssen sich die Mitglieder der Erbengemeinschaft einigen, wer welchen Gegenstand übernimmt. Sollten die einzelnen Gegenstände wertmäßig unterschiedlich sein, dann müssen die Gegenstände entweder so verteilt werden, dass jeder Erbe wertmäßig den gleichen Anteil bekommt oder die Wertunterschiede müssen durch Geldzahlungen ausgeglichen werden. Das kann richtig kompliziert werden.

Wenn es zu keiner Einigung bezüglich der Gegenstandsverteilung kommt, dann müssen die Nachlassgegenstände verkauft werden in einer öffentlichen Versteigerung oder in einem freien Verkauf mit Zustimmung aller Erben. Der Erlös dieser Versteigerung oder des Verkaufs wird zwischen den Erben aufgeteilt.

Ein wichtiges Problem in diesem Zusammenhang ist, dass bei mehreren Erben immer das Risiko der Erpressung durch einen oder auch mehrere Miterben gegeben ist. Es kommt häufiger vor als zu vermuten ist, dass Erben nicht an einer einvernehmlichen Einigung interessiert sind. Der Erbe, der es sich finanziell leisten kann, wird versuchen die Verteilung des Nachlasses hinauszuzögern so lange wie möglich. Das Ziel ist es, den oder die Erben, die nicht warten können oder wollen gefügig zu machen und so zum Akzeptieren eines geringen Erbanteils zu motivieren. Die Erben, die weder das finanzielle Polster noch die seelische Stabilität haben, sind solchen Erpressererben meist schutzlos ausgeliefert. In einem solchen Fall des Kräftemessens der Erben kann es bis zum totalen Meltdown der Erbmasse kommen. Mehr zu diesem Thema finden Sie in unserem Beispielfall im nachfolgenden Bereich des Buches.

Bei einer solchen Erbschaftssituation ist eine vormals intakte Familie garantiert nicht mehr intakt und im schlechtesten Fall kündigen Geschwister einander die Schwestern- oder Bruderschaft. Sie glauben, dass gibt es nicht? Leider doch und zwar häufiger als Sie denken, lieber Erblasser und Erben. Das belegen auch die vorliegenden Statistiken zum Thema Erben und Erbschaften.

Liebe Erblasser, wollen Sie dieses Risiko wirklich eingehen? Wenn nicht, dann sprechen Sie mit Ihren Kindern und treffen Sie einvernehmliche Entscheidungen mit allen Erben gemeinsam bevor Sie versterben. Ergreifen Sie die Chance noch zu Ihren Lebzeiten einer solchen Situation vorzubeugen.

Einige Empfehlungen, die Sie mit Ihren Kindern und Ihrem Rechtsanwalt diskutieren können, finden Sie weiter hinten in diesem Buch.

Schenkung

Bei einer Schenkung gibt der Erblasser zu Lebzeiten einer Person ein sogenanntes Geschenk ohne im Gegenzug einen Gegenwert zu erwarten oder zu bekommen. Wenn dieses Geschenk an einen zukünftigen gesetzlichen Erben geht, dann handelt es sich um ein vorweggenommenes Erbe.

Im Rahmen einer Schenkung wird der verschenkte Vermögensgegenstand aus dem Gesamtvermögen des Erblassers entfernt. Mit der Schenkung verliert der Erblasser die Verfügungsgewalt über diesen Gegenstand und hat keinen Einfluss mehr, was der Beschenkte mit diesem Gegenstand tut. Eine solche Schenkung später wieder zurück zu nehmen, ist sehr schwierig und nur unter sehr eingeschränkten Umständen möglich.

Der Gesamtnachlass wird durch eine solche Schenkung verringert und dadurch werden auch die Erbteile der zukünftigen Erben reduziert. Eine solche Reduktion müssen sich die Erben nicht in jedem Fall gefallen lassen und es kann im eintretenden Erbfall zu einem Ausgleichsanspruch gegenüber dem Beschenkten kommen.

Wie oben erwähnt, erfolgt eine Schenkung ohne die Erwartung einer Gegenleistung von dem Beschenkten. Es ist allerdings ratsam, eine solche Schenkung nur mit Unterstützung eines Anwalts oder Notars durchzuführen, um alle Abhängigkeiten wie zum Beispiel bestehende Steuerzahlungen für die Schenkung abzuklären. Der Notar wird in diesem Zusammenhang einen notariellen Schenkungsvertrag aufsetzen nach den Vorgaben des Erblassers.

Die Schenkung einer Immobilie, in der der schenkende Erblasser noch wohnt, sollte möglichst nur mit einem grundbuchlich abgesicherten Nießbrauchrecht oder lebenslangem Wohnrecht für den schenkenden Erblasser erfolgen. Dadurch stellt der Schenkende sicher, dass der Beschenkte ihn, den Schenkenden, nicht aus dem Haus rauswerfen kann.

Dies sind nur einige Fußangeln, die zu berücksichtigen sind. Welche Umstände bestehen für Ihr individuelles Schenkungsvorhaben, können Sie nur gemeinsam mit einem kompetenten Anwalt feststellen und nach Ihren Wünschen vertraglich regeln. Ein Alleingang in diesem Zusammenhang kann Ihrem Nachlassvermögen mehr Schaden als Nutzen zufügen.

Vermächtnis

Bei einem Vermächtnis oder Legat erhält der Vermächtnisnehmer einen bestimmten Nachlassgegenstand vom Erblasser zugedacht. Dieser Nachlassgegenstand wird erst mit dem Tod des Erblassers fällig.

Es gibt allerdings eine Einschränkung: Der Vermächtnisnehmer hat nur einen schuldrechtlichen Anspruch auf Herausgabe des Vermächtnisgegenstandes gegenüber den Erben. Ein Nachlassgegenstand geht mit dem Tod des Erblassers sofort in die Gewalt der vorhandenen Erben über, aber nicht an den Vermächtnisnehmer. Inwieweit die Erben die Herausgabe eines solchen Vermächtnisses blockieren und gegebenenfalls mit einer Geldzahlung an den Vermächtnisnehmer ausgleichen können, ist im Bedarfsfall mit einem kompetenten Fachanwalt für Erbrecht zu klären.

Um seinen Anspruch durchzusetzen, wird der Vermächtnisnehmer gegebenenfalls auch einen Anwalt in Anspruch nehmen müssen, wenn die Erben das Vermächtnis nicht freiwillig herausgeben wollen oder eine geldliche Auszahlung des Vermächtnisgegenstandes anstreben. Es kann außerdem zu Problemen kommen, wenn der Wert des Vermächtnisses die Pflichtanteile der übrigen Erben reduziert.

Ein Erblasser sollte bei der Festlegung eines Vermächtnisses alle damit im Zusammenhang stehenden Fragen mit einem kompetenten Erbrechtsanwalt besprechen und klären. Wie bereits gesagt, jede Erbschaftssituation ist einzigartig und schnell kann ein aus Unwissenheit gemachter Fehler teuer werden.

Pflichtteil eines Erben

Nach dem Erbrecht erben alle Nachkommen den gleichen Anteil am Nachlass, wenn kein Testament besteht. Beim Vorliegen eines Testaments, das beim Nachlassgericht oder einem Notar zu eröffnen ist, können allerdings vom Erbrecht abweichende Erbquoten festgelegt werden.

Der Erblasser ist bei der Festlegung der Erbquoten nicht beschränkt. Das heißt, er kann die Erbquoten festlegen wie er möchte. Allerdings kann der Erblasser einen gesetzlichen Erben nicht vollständig enterben, weil dem Erben immer sein gesetzliches Pflichtteil vom Nachlass zusteht.

Die Pflichtteilshöhe ist die Hälfte des gesetzlichen Erbteils. Das bedeutet, wenn der Erblasser drei Erben hat, von denen er einen Erben enterbt hat, dann steht diesem enterbten Erben noch immer 16,5 % des Gesamtnachlasses zu.

Hier ein Beispiel:

Der Gesamtnachlass beträgt 60.000 Euro und es gibt drei Erben. Jedem Erben steht ohne ein Testament 20.000 Euro zu. Der Erblasser hat aber ein Testament verfasst und so einen Erben auf seinen Pflichtteil gesetzt. In einem solchen Fall bekommt dieser Erbe nicht 20.000 Euro, sondern nur 10.000 Euro. Die restlichen 10.000 Euro seines Erbteils gehen an die beiden anderen Erben je zur Hälfte. Das heißt, diese beiden Erben bekommen jeweils 25.000 Euro – 20.000 Euro gesetzlicher Anteil zuzüglich des Anteils des dritten Erben in Höhe von 5.000 Euro.

Diese Pflichtteilsregelung wird häufig im Zusammenhang mit Berliner Testamenten eingesetzt. Details dazu finden Sie im Kapitel *Berliner Testament*.

Auch dieser Pflichtteil kann einem Erben unter bestimmten Bedingungen entzogen werden. Wenn er zum Beispiel erbunwürdig ist, weil dieser Erbe versucht hat, den Erblasser zu töten.

Achtung! Diese Pflichtteilsregelung gilt nur für die gesetzlichen Erben, leibliche(biologische) und Adoptiv-Kinder. Stiefkinder haben dieses Recht auf einen Pflichtteil nur, wenn der Erblasser ihr leibliches (biologisches) Elternteil ist. Beim Tod des Stief-Elternteils gibt es keinen Pflichtteil und das Stief-Kind bekommt gar nichts bei der gesetzlichen Erbfolge.

Liebe Erblasser und liebe zukünftige Erben bitte unterhalten Sie sich rechtzeitig miteinander und diskutieren Sie Ihre Wünsche, damit es später nicht zu Erbstreitigkeiten kommt, die gerichtlich geklärt werden müssen. Bei einem solchen gerichtlichen Verfahren entstehen nur Kosten und alle Erben verlieren gleichermaßen. In einer solch disharmonischen Erbauseinandersetzung kann kein Erbe gewinnen und die Familie wird anschließend nicht mehr existieren.

Testamentarische Erben

In den vorstehenden Beschreibungen haben wir den Schwerpunkt auf die gesetzliche Erbfolge fokussiert. Dabei sind wir davon ausgegangen, dass kein Testament vorliegt und dass das Nachlassvermögen im Erbfall aufgrund der bestehenden BGB-Vorschriften auf die gesetzlichen Erben übergeht.

Erblasser sind frei in der Entscheidung, wem sie wieviel vererben wollen. Sie können die Erbquoten nach ihrem Ermessen festlegen, allerdings kann der Pflichtteil eines gesetzlichen Erbens – eines direkten und biologischen Abkömmlings - nicht ausgeschlossen werden. Dieser Pflichtteil des Erbes kann nur verwehrt werden, wenn der Empfänger des Pflichtteils dem Erblasser zum Beispiel zu Lebzeiten nach dem Leben getrachtet hat. Ein solches Vergehen muss auch beweisbar sein, die bloße Behauptung reicht nicht aus.

Der Erblasser, der sein Nachlassvermögen nach seinen Wünschen vererben will, muss ein Testament aufsetzen, damit so die gesetzliche Erbfolge unterbrochen wird. Dieses Testament muss nach dem Tod des Erblassers amtlich eröffnet werden entweder bei einem Notar oder beim Nachlassgericht.

Es gibt unterschiedliche Möglichkeiten ein solches Testament zu schreiben als eigenhändiges, privatschriftliches

Testament oder als notarielles Testament oder als Ehegattentestament (Berliner Testament) oder als Erbvertrag.

Im Anschluss sind einige Details zu den vorstehenden Testamentsarten aus Laiensicht dargestellt. Um keine Fehler bei der Testamentserstellung zu machen und eine spätere gerichtliche Erbauseinandersetzungen zu vermeiden, ist die Beratung durch einen kompetenten Fachanwalt dringend anzuraten.

Wenn Sie, lieber Erblasser, Ihren Nachlass mittels eines Testaments übergeben wollen, dann sollten Sie rechtzeitig Ihr Testament verfassen. Für Testamente gibt es Formalien, die bei der Erstellung einzuhalten sind und Sie, der Erblasser, müssen testierfähig sein. Das bedeutet, dass Sie im Vollbesitz Ihrer geistig mentalen Kräfte sind und wissen, was Sie in Ihrem Testament bestimmen.

Eine geistige Beeinträchtigung kann schon gegeben sein, wenn Sie unter schweren Beruhigungs- und/oder Schmerzmitteln stehen. Entmündigte Personen können kein Testament aufsetzen und über ihren Nachlass bestimmen.

Eigenhändiges oder notarielles Testament

Wie der Name bereits andeutet, erstellen Sie ein eigenhändiges Testament mit Ihrer eigenen Hand und zwar im wahrsten Sinne des Wortes: es muss handschriftlich verfasst werden. Ein Testament, dass mit einem Computer erstellt wurde und nur eine eigenhändige Unterschrift enthält, ist nicht gültig.

Wenn Ihr Testament länger als eine Seite ist, dann sind die Seiten zu nummerieren, zum Beispiel Seite 1 von 2, Seite 2 von 2 usw. Auf jeder einzelnen Seite sollte Ihre Unterschrift, Ort und das Datum vorhanden sein. Sinn und Zweck dieser Formalien ist, dass später keine Seite herausgenommen oder hinzugefügt werden kann.

Dies ist besonders wichtig, wenn der Testamentsverfasser sein handschriftliches Testament zu Hause behält und nicht beim Amtsgericht hinterlegt. Im eigenen Haus hinterlegte Testament können schnell verschwinden, wenn der Inhalt des eigenhändigen Testaments einem oder mehreren Erben nicht gefällt. Es kann auch sein, dass keinem der Erben bekannt ist, dass ein Testament existiert und sie deshalb nicht danach suchen.

Für ein eigenhändiges, privatschriftliches Testament gibt es weitere Vorgaben, die unbedingt in dem Testament vorhanden sein müssen, damit ein solches Testament gültig ist. Zu diesen Bestandteilen zählen Name, Vorname, Geburtsdatum, Wohnort und die Klausel, dass ein gegebenenfalls früher verfasstes Testament unwirksam wird mit diesem neuen Testament.

Wenn Sie bestimmte Nachlassgegenstände einem bestimmten Erben hinterlassen wollen, dann müssen Sie dies im Testament festschreiben. Eine solche Festlegung darf aber nicht den Pflichtteil eines anderen Erben schmälern, sonst ist ein Erbstreit bereits vorprogrammiert. Außerdem sollten Sie, lieber Erblasser, darauf achten, dass Ihre Vermögensaufstellung nicht zu detailliert wird, weil Sie sonst bei Veränderungen des Vermögensstatus diese Aufstellung ständig anpassen müssen zur Vermeidung von Erbstreitereien.

Das vorstehende gilt besonders für eigenhändige Testamente, die ohne die vorherige Unterstützung eines

Anwalts erstellt und verwahrt werden. Um rechtliche Komplikationen zu vermeiden, ist das notarielle Testament vorzuziehen.

Ein notarielles Testament ist selbstverständlich mit Kosten verbunden. Damit Sie das Testament nicht ständig anpassen müssen, ist es eine gute Idee, mit Ihren zukünftigen Erben das Thema Nachlass offen zu diskutieren. Sie können gemeinsam das Nachlassverzeichnis erstellen und gemeinsam festlegen, wer wieviel erben soll. Auch können Sie im Vorfeld festlegen, warum der eine oder andere Erbe einen größeren Anteil am Erbe bekommen sollte zum Beispiel, weil er im Haus wohnt und den Erblasser pflegen wird. Dadurch wird verhindert, dass es in der Zukunft Streit gibt. Jeder Erbe weiß was er zu erwarten hat und was von ihm erwartet wird.

Sollte ein Erbe mehr bekommt als die anderen, dann kann der bevorteilte Erbe nicht die Unterstützung von seinen Miterben bei der Pflege des Erblassers einfordern. Die nicht pflegenden Erben brauchen auch kein schlechtes Gewissen zu bekommen, weil sie sich nicht an der Pflege beteiligen. Außerdem wird das Gefühl der Ungleichbehandlung unter den Erben minimiert, wenn es einen Grund für einen höheren Erbanteil gibt.

Wenn ein notarielles Testament aufgestellt ist, dann wird dieses beim zuständigen Amtsgericht zur Aufbewahrung hinterlegt. Diese Hinterlegung kostet eine einmalige geringe Gebühr und das Testament wird im Tresor des Amtsgerichts bis zum Ableben des Erblassers verwahrt. Für die Hinterlegung des notariellen Testaments sorgt meist der Notar, der das Testament verfasst hat.

Die amtsgerichtliche Hinterlegung steht jedem Erblasser zur Verfügung, auch wenn er sein Testament eigenhändig verfasst hat. Die entstehenden Hinterlegungskosten sind die gleichen wie bei einem notariellen Testament.

Mit diesem Vorgehen stellt der Erblasser sicher, dass sein letzter Wille auch beachtete wird, weil das Testament im Falle des Todes amtlich eröffnet wird. Die Erben haben in diesem Fall keinen Einfluss auf das Verfahren und können das Testament nicht vernichten, wenn es ihnen nicht gefällt.

Zu Lebzeiten kann der Erblasser in eigener Person mit seinen amtlichen Ausweispapieren das hinterlegte Testament vom Amtsgericht zurückfordern und durch ein neueres ersetzen. Das hinterlegte Testament wird nur dem einliefernden Erblasser ausgehändigt und er hat die Rückgabe des hinterlegten Testaments beim Amtsgericht zu quittieren.

Achtung! Ein Testament ist besonders wichtig, wenn Sie verhindern wollen, dass nach Ihrem Tod die falschen Erben Ihren Nachlass erhalten. Dies gilt insbesondere, wenn Sie keine Kinder haben.

Gesetzt den Fall Sie sind vermögend, haben keine Kinder und/oder Mann und sie wollen verhindern, dass Ihre Geschwister erben, weil das Verhältnis zu diesen Familienmitgliedern gestört ist. In dieser Situation sollten Sie unbedingt ein Testament verfassen und Ihr Vermögen entweder an eine nicht Familien-Person vermachen oder an eine wohltätige Organisation verschenken.

Wenn Sie kein Testament verfassen, dann greift das gesetzliche Erbrecht und Ihre Geschwister bekommen Ihren Nachlass als Erben zweiten Grades. Das ist genau das, was Sie verhindern wollen. Es gibt in dieser Erbkonstellation kein Pflichtteil, den die Erben, Ihre Geschwister, einklagen können, wie dies bei Erben ersten Grades der Fall ist.

Berliner Testament

Eine Form des Testaments in einer Ehe ist das Berliner Testament oder das Ehegattentestament. Bei einem solchen Testament setzen sich die Ehegatten gegenseitig zu Alleinerben des Gesamtnachlassvermögens ein.

Wie bereits vorstehend bei der gesetzlichen Erbfolge beschrieben, wird nach dem Ableben eines Erblassers das Gesamtnachlassvermögen auf Basis der gesetzlichen Erbrechtsvorgaben geteilt. Bei einer solchen Teilung ist der überlebende Ehepartner verpflichtet die miterbenden Kinder auszuzahlen. Eine solche Auszahlung kann allerdings den überlebenden Ehepartner in Zahlungsschwierigkeiten bringen bzw. seine Lebensbasis erheblich beeinflussen. Um das zu verhindern, verfassen Ehepartner häufig ein Berliner Testament.

In einem solchen Testament wird festgelegt, wie der überlebende Ehegatte mit dem Nachlassvermögen nach dem Ableben des erstversterbenden Erblassers zu verfahren hat. Außerdem wird festgelegt, wie der Nachlass nach dem letztversterbenden Erblasser zu verteilen ist. Das Nachlassvermögen kann zum Beispiel zu gleichen Teilen unter allen Erben verteilt werden oder es werden Bruchteile des Gesamtnachlasses in unterschiedlicher Höhe festgelegt.

Um die Abkömmlinge davon abzuhalten entgegen dem Berliner Testament ihren Erbteil bei Tod des erstversterbenden Erblassers einzufordern, können die Erblasser eine Klausel einbauen. Diese Klausel legt fest, dass der fordernde Erben auf sein gesetzliches Pflichtteil beschränkt wird. Dieser Pflichtteil entspricht der Hälfte des gesetzlichen Erbanspruchs. Die übrigen Erben erhalten ihr Erbe ausgezahlt, wenn beide Erblasser verstorben sind. Zu dem Zeitpunkt wird das vorhandene Nachlassvermögen unter diesen Erben aufgeteilt. Ob und in welchem Umfang der bereits im ersten Erbfalls ausgezahlte Erbe noch einen Anspruch geltend machen kann, müssen Sie mit einem Fachanwalt klären.

Ein solches Berliner Testament kann nur geändert oder widerrufen werden zu Lebzeiten beider Erblasser. Stirbt einer der Erblasser, dann ist das Berliner Testament festgeschrieben für den überlebenden Ehegatten und dieser hat keinen Einfluss mehr auf die im Berliner Testament festgelegte Nachlassverteilung.

Für den Fall, dass einer der Erblasser des Berliner Testaments seine Meinung ändert, der zweite Erblasser will aber weiterhin an diesem Testament festhalten, dann muss der Erblasser, der seine Meinung geändert hat, den zweiten Erblasser mit Hilfe eines Fachanwalts schriftlich von der Meinungsänderung unterrichten. Nach Eingang dieses Widerspruchsschreibens ist das Berliner Testament ungültig und verliert seine Wirkung.

Sollten beide Berliner Testamentserblasser ihre Meinung zu Lebzeiten ändern, so können sie das bestehende Testament jederzeit mit einem neuen Berliner Testament ersetzen. Allerdings muss dieses neue Berliner Testament die Widerrufsklausel für das vorherige Berliner Testament enthalten.

Das vorstehende Verfahren ist nur möglich solange beide Erblasser leben und testierfähig sind. Sollte einer der Erblasser bereits verstorben sein und das Berliner Testament wurde bereits nachlassgerichtlich eröffnet, dann kann der überlebende Erblasser ein solches Testament nur noch durch Ausschlagung der Erbschaft innerhalb von sechs Wochen nach dem Tod des erstverstorbenen Erblassers zu Fall bringen. Mit Ausschlagung der Erbschaft gelten wieder die gesetzlichen Regelungen des BGB-Erbrecht (siehe oben bei *gesetzlichen Erben*).

Wenn der überlebende Erblasser die Ausschlagungsfrist von sechs Wochen nach dem Tod des erstverstorbenen Erblassers hat verstreichen lassen, dann ist das Berliner Testament gültig und verbindlich. Der überlebende Erblasser ist an die im Berliner Testament gemachten Verfügungen gebunden und kann diese nicht mehr anpassen.

Dieses Thema Berliner Testament und die damit verbundene Problematik der Vor- und Nacherbenschaft sowie die Verfügungsbeschränkungen sollten Sie als Laie keinesfalls allein abwickeln. Die Fehler und die daraus resultierenden Konsequenzen sind nicht leicht zu erkennen und nur kompetente Fachanwälte können hier weiterhelfen. Wie Sie einen solchen Anwalt finden, wird in einem der nachfolgenden Kapitel beschrieben.

Notarieller Erbvertrag

Die vorstehend beschriebenen Formen der Testamente können allein bzw. in den eigenen vier Wänden erstellt werden mit oder ohne den Beistand eines Rechtsanwalts. Eine rechtliche Beratung vor der Niederschrift eines Testaments ist trotzdem sinnvoll, um Fehler zu vermeiden, die die Wirksamkeit des Testaments einschränken können.

Um allen diesen Problemen und Unklarheiten aus dem Weg zu gehen, können Sie einen notariellen Erbvertrag erstellen. In einem solchen Erbschaftsvertrag regelt der oder die Erblasser, was mit ihrem Nachlass geschehen sollen. Die

Voraussetzung für einen solchen Vertrag ist, dass Sie, lieber Erblasser, testier- und voll geschäftsfähig sind.

In die Erstellung eines solchen Erbvertrags sind auch die Erben mit eingebunden, weil in dem Vertrag Bedingungen und Auflagen geregelt werden, die von den Erben zu erfüllen sind, wenn sie erben wollen. Wie es bei Verträgen üblich ist, müssen alle von diesem Vertrag betroffenen Parteien bei dem Vertragsschluss persönlich anwesend sein und diesen in Gegenwart eines Notars unterzeichnen. Es ist daher sinnvoll, dass die beteiligten Parteien, Erblasser und Erben, bereits im Vorfeld klären, was in dem Vertrag stehen wird und wie der Nachlass zu verteilen ist.

Änderungen, die im Nachgang zu einem solchen Erbvertrag vorgenommen werden, müssen erneut von allen Parteien genehmigt und unterschrieben werden. Eine solche notarielle Erbschaftsregelung verursacht Kosten, die sich am Nachlasswert bemessen und jede Änderung verursacht neue Kosten. Es macht daher nur Sinn einen solchen Vertrag zu schließen, wenn es sich um einen größeren Nachlass (mehrere Immobilien und/oder Gewerbebetrieb) handelt oder eine komplizierte Familienkonstellation wie zum Beispiel eine Patchwork-Familie besteht, in der das bestehende Erbrecht nicht greifen kann.

Welche Lösung für Sie als Erblasser und Erben die beste und familienfreundlichste ist, müssen Sie selbst entscheiden. Es ist allerdings hilfreich mit allen Betroffenen, Erblassern sowie Erben, ein offenes Gespräch zu suchen und eine gemeinsame, für alle befriedigende Lösung zu finden. Anderenfalls zwingt eine Partei den übrigen Parteien eine Lösung auf und ein Erbschaftsstreit und die Auflösung einer intakten Familie ist vorprogrammiert.

Liebe Erblasser und liebe Erben – wie wichtig ist Ihnen Ihre Familie – das ist die Frage, die Sie sich als erstes beantworten müssen und anschließend muss konsequent gehandelt werden. Schieben Sie diese wichtige Entscheidung nicht auf die lange Bank, denn morgen kann es zu spät sein.

Bindungswirkung von Testamenten

Grundsätzlich sind Testamente – eigenhändige, notarielle oder Erbverträge – bindend, es sei denn, die Formvorschriften sind nicht eingehalten worden oder sittenwidrige und unwirksame Klauseln sind in den Testamentsvereinbarungen enthalten.

Bei notariellen Testamenten und Erbverträgen sollten diese Probleme nicht auftreten, weil der Erblasser einen kompetenten Anwalt und Notar für die Niederschrift engagiert hat. Diese professionellen Dienstleister sollen genau diese Probleme verhindern.

Bei eigenhändigen und handschriftlichen Testamenten sind Probleme und Fehler sehr leicht möglich, weil ein Laie sich mit der Abfassung eines Testaments nicht auskennt, die Gesetze falsch interpretiert und keine Rechtsberatung nutzt.

Das Wissen, auf das der Erblasser sich verlässt, findet er häufig in Büchern, Broschüren und im Internet. Für den Einstieg in die Nachlassgestaltung sind diese Informationen okay. Aber häufig kommt es zu Missverständnissen zwischen dem Autor und dem Leser dieser Informationen. Der Leser versteht etwas anderes als der Autor hat sagen wollen und daraus resultieren bei der Testamentserstellung kostspielige Fehler. Auch dieses Buch ist keine Anleitung für die

Erstellung eines Testaments, sondern nur ein warnender Hinweis auf die Problematik, die entstehen kann.

Wenn zum Beispiel im Testamentstext eine Klausel missverständlich ausgedrückt ist, ob gewollt oder ungewollt, wird jeder Erbe diese Klauseln in seinem individuellen Sinne interpretieren. Je nachdem wie der jeweilige Erbe die Klausel interpretiert und handelt, wird die Reaktion der übrigen Erben ausfallen. Fühlt sich einer der Erben benachteiligt oder ist objektiv betrachtet benachteiligt, dann wird es zum Streit kommen. Ein solcher Streit kann schnell in einer gerichtlichen Auseinandersetzung münden.

In einem solchen Gerichtsverfahren wird dann vom Richter interpretiert, was der Erblasser gemeint hat oder welche Intention er mit seinem Testament verfolgte. Ein solches Gerichtsverfahren hat nicht die Interessen des einzelnen Erben im Fokus, sondern das geltende Erbgesetz und keiner der Erben wird alles bekommen, was er fordert. Auch die entstehenden Kosten für ein solches Verfahren dürfen nicht vergessen werden, weil diese meist von allen Erben zu tragen sind und den Nachlass reduzieren werden.

Neben unklaren Formulierung gibt es auch die Bindungswirkung von gemeinschaftlich geschlossenen Testamenten wie zum Beispiel dem Berliner Testament. Wenn in einem solchen Testament eine Bestimmung getroffen wurde von zwei Erblassern, so ist diese Bestimmung bindend und unwiderruflich, sobald einer der Erblasser verstirbt.

Um eine einmal getroffene Bestimmung in einem Berliner Testament aufzuheben, gibt es nur die folgenden zwei Optionen:

Option 1:

Zu Lebzeiten beider Erblasser kann ein solches Berliner Testament widerrufen werden, wenn der nicht mehr einverstandene Erblasser notariell den Widerruf seiner testamentarischen Bestimmung erklärt. Diese Erklärung muss dem anderen Erblasser zugestellt werden zum Beispiel mit Einschreiben gegen Rückschein. Mit dem Empfang ist die Bindungswirkung des Berliner Testaments erloschen.

Option 2:

Wenn der Erbfall bereits eingetreten ist, dann hat der überlebende Erblasser und jetzige Erbe des Nachlasses zu erklären, dass er das Erbe ausschlägt. Diese Erklärung muss gegenüber dem Nachlassgericht erfolgen innerhalb von sechs Wochen nach dem Tod des erstverstorbenen Erblassers. Erfolgt keine form- und fristgerechte Ausschlagung der Erbschaft, dann ist das Berliner Testament bindend und kann nicht mehr widerrufen werden.

Wenn die Ausschlagung ordnungsgemäß erfolgt, dann ist das Testament nicht mehr bindend und die gesetzliche Erbfolge tritt anstelle des Testaments mit allen Konsequenzen der Nachlassteilung. Für ein solches Verfahren sollten Sie als überlebender Erblasser oder Erbe unbedingt zeitnah den Rat eines Erbrechtsanwalts einholen, um finanzielle Beeinträchtigungen und eine gerichtliche Erbauseinandersetzung zu vermeiden.

Alle vorstehenden Hinweise sind hinfällig, wenn Sie als Erblasser Ihr Testament zu Hause in der Schublade verwahren und kein Erbe von diesem Testament Kenntnis hat. In einem solchen Fall verschwinden solche Testamente häufig auf nimmer Wiedersehen. Es liegt in einem solchen Fall an dem oder den Erben, wie ehrlich und loyal diese/r gegenüber dem verstorbenen Erblasser und seinen Mit-Erben ist und welche Nachteile das Testament für einen oder mehrere Erben beinhaltet.

Nachlassverzeichnis

Nachdem wir der Bindungswirkung eines Testaments erörterten, kommen wir jetzt zum Nachlassverzeichnis.

Wenn der Erblasser verstorben ist, dann ist der Erbfall und damit der Nachlassverteilung eingetreten. Mit dem Ableben des Erblassers gehen sämtliche Gegenstände des Nachlasses in das Eigentum der Erben über.

Dieser Eigentumsübergang auf die Erben bedeutet nicht, dass diese über die einzelnen Nachlassgegenstände verfügen können. Alle zum Nachlass gehörenden Gegenstände gehören allen Erben zu ideellen Teilen. Bevor keine Nachlassauseinandersetzung mit anschließender Nachlassverteilung durchgeführt wird, können nur alle Erben gemeinsam über jeden Nachlassgegenstand verfügen.

Damit eine Erbauseinandersetzung durchgeführt werden kann, muss zunächst das gesamte Nachlassvermögen festgestellt werden. Es muss ein vollständiges Nachlassverzeichnis über alle zum Nachlass gehörenden Gegenstände erstellt werden. Dieses Nachlassverzeichnis ist unter Einbeziehung aller Erben aufzustellen, damit keine Nachlassgegenstände übersehen oder vergessen werden.

Nach der Erstellung dieses Nachlassverzeichnisses kann die Erbauseinandersetzung und Nachlassteilung auf Basis dieses Verzeichnisses durchgeführt werden. Ob die nun folgende Erbauseinandersetzung harmonisch und ohne

Komplikationen abläuft, hängt sehr stark von der bestehenden Familienkonstellation und der familiären Bindungen der einzelnen Erben zueinander ab.

Welche Konsequenzen sich aus dem bestehenden Familienumfeld ergeben können, wird in dem Kapitel *harmonische Einigung oder Krieg* dargelegt.

Erbschein

Sobald das Ableben des Erblassers beim zuständigen Nachlassgericht gemeldet und überprüft wurde, ob ein Testament beim Amtsgericht hinterlegt ist, werden alle weiteren Schritte gestartet.

Zunächst wird wie bereits erwähnt das Testament vom Nachlassgericht eröffnet. Wenn alle notwendigen Informationen beim Nachlassgericht gemeldet sind, können die Erben anschließend mit dem eröffneten Testament den Erbschein beantragen.

Manche Erben versuchen aus Kostengründen die Beantragung des Erbscheins zu umgehen. Das funktioniert nur, wenn keine Immobilie zum Nachlass gehört. Ohne einen Erbschein, in dem die jeweiligen Anteile der einzelnen Erben eindeutig dokumentiert sind, ist die Umschreibung im Grundbuch und die Übertragung einer Nachlassimmobilie auf einen neuen Eigentümer nicht möglich. Aus diesem Grund ist ein Erbschein zwingend vorgeschrieben.

Bei der Beantragung des Erbscheins müssen auch die vorläufigen Geldwerte des gesamten Nachlasses vorliegen. Das heißt, dass der Wert des Nachlasses in groben Zahlen zusammengestellt ist, weil die Kosten für die Erteilung des

Erbscheins sich nach der Höhe des Gesamtnachlasses berechnet.

Mit der Erteilung des Erbscheins und dessen Zusendung an einen der Erben sind die Kosten für diesen Vorgang an das zuständige Amtsgericht fällig und müssen bezahlt werden. Es wird nur ein Erbschein ausgestellt, auch wenn mehr als ein Erbe vorhanden ist. Das Original des Erbscheins muss gut verwahrt werden, um den Verlust zu vermeiden. Bei der Ersatzbeschaffung eines Erbscheins fallen erneut Kosten an und der vorherige Erbschein wird für ungültig erklärt.

Sollten die genauen monetären Zahlen für das Nachlassvermögen bei der Beantragung des Erbscheins noch nicht bekannt sein, so können die vorläufig geschätzten Zahlen später nach Erstellung des vollständigen Nachlassverzeichnisses entsprechend angepasst werden.

Wenn das Nachlassvermögen zu gering angegeben wurde, dann kann es zu einer Nachzahlung der Gerichtskosten für den Erbschein kommen, sobald das Nachlassvermögen das nächst höhere Gebührenbemessungslimit überschreitet. Allerdings werden auch zu viel gezahlte Gebührenbeträge an die Erben zurückerstattet.

Informationspflicht gegenüber Banken, Sparkassen und Versicherungen

Während Sie auf die Sterbeurkunde warten, ist es sinnvoll, bereits mit der Sichtung der vorhandenen Dokumente des Erblassers zu beginnen. Das bedeutet, dass die Erben alle Zahlungsempfänger und Zahlungspflichtigen auflisten, um diese nach dem Erhalt der Sterbeurkunde vom Tod des Erblassers zu informieren. Als erstes müssen die Banken,

Sparkassen und Versicherungen informiert werden, damit die Versicherungen und Bankinstitute gemäß den bestehenden Geschäftsvereinbarungen mit dem Verstorbenen handeln können.

Neben den Bankkonten sind auch die jeweiligen Versicherungen, die der Erblasser besitzt, aufzulisten. Zu diesen Versicherungen zählen zum Beispiel Renten-, Lebens- und Risikoversicherungen. Wichtig bei diesen Versicherungen ist, dass alle Versicherungsscheine vorliegen und die jährlichen Versicherungsinformationen lückenlos vorhanden sind.

Bei einer Versicherung, die nach dem Ableben des Erblassers ausgezahlt wird, müssen Sie, liebe Erben, mit der Frage nach der Todesursache des Verstorbenen rechnen.

Es könnten in den Versicherungsklauseln Auszahlungsbeschränkungen vorhanden sein, die die Auszahlung der Versicherungssumme verzögern, wenn nicht alle erforderlichen Informationen vorliegen. Oder die bestehenden Versicherungsbedingungen legen eine bestimmte Auszahlungsmodalität im Todesfall fest, unabhängig von einem bestehenden Testament.

Es ist daher zu empfehlen, die Todesursache beim Arzt zu erfragen. Der Arzt des Erblassers verweigert diese Auskunft häufig mit dem Hinweis auf die über den Tod hinausbestehende ärztliche Schweigepflicht. Um zu verhindern, dass ein Arzt mit diesem Argument kommt, sollte der Erblasser bereits vor seinem Ableben seinen Arzt schriftlich von der Schweigepflicht gegenüber den Erben für den Fall seines Todes entbinden. Es ist auch eine gute Idee, diese Verfügung mit in eine Patientenvollmacht aufzunehmen. (Details dazu finden Sie in dem Kapitel *Patienten- Vorsorge- und Betreuungsvollmacht*)

Es ist sinnvoll, eine Liste mit den monatlichen Zahlungsverpflichtungen und Einnahmen des Erblassers aufzustellen. Bei den Einnahmen handelt es sich meist um Gehalts- und/oder Rentenzahlungen. Mögliche Zahlungsverpflichtungen des Erblassers sind zum Beispiel Mietzahlungen an einen Wohnungsvermieter und Abschlagszahlungen an den Stromanbieter, um nur einige zu nennen.

Achtung! – nicht alle Zahlungen erfolgen monatlich. Es gibt auch quartalsweise, halbjährliche und jährliche Zahlungen, deren Zahlungsempfänger ebenfalls auf diese Liste gehören. Alle diese Zahlungsempfänger sind auf den Kontoauszügen des Girokontos des Erblassers zu finden.

Die aufgelisteten Zahlungspflichtigen und Zahlungsempfänger sind sofort über das Ableben des Erblassers zu informieren und falls erforderlich ist eine Kopie der Sterbeurkunde vorzulegen. Mit der Todesfallmeldung können die Erben auch die Kündigung eines bestehenden zahlungspflichtigen Vertrags verbinden, damit eventuelle Kündigungsfristen nicht unnötig verlängert werden. Falls neben der Sterbeurkunde noch weitere Dokumente erforderlich sind, wird der jeweilige Zahlungsempfänger oder Zahlungspflichtige diese bei den Erben anfordern.

Es gibt allerdings auch Zahlungsverpflichtungen oder Zahlungseingänge, die nicht gekündigt werden müssen, weil mit dem Ableben des Erblassers der Vertragsgegenstand oder eine Serviceleistung entfällt. In einem solchen Fall reicht die Vorlage der Sterbeurkunde oder ein amtlich eröffnetes Testament aus.

Bei allen Kündigungsschreiben, die Sie versenden, sollten Sie sich fragen, ist die Kündigung gegebenenfalls mit

Einschreiben gegen Rückschein erforderlich. Es gibt Zahlungsempfänger wie zum Beispiel Zeitungen oder Zeitschriften, bei denen Kündigungen möglicherweise verloren gehen. Anschließend berufen sich die Unternehmen darauf, dass der Zahlungsempfänger nicht fristgerecht gekündigt hätte und zieht weiterhin Beträge vom Konto des Erblassers ab. Sie als Erbe sind in einem solchen Fall in der Beweispflicht, dass Sie rechtzeitig gekündigt haben und ein Rückschein ist ein solcher Beweis.

Ganz wichtig ist es, die Bankeninstitute über den Tod des Erblassers sofort zu informieren, weil mit dieser Information das Konto des Erblassers gesperrt wird. Es sind ab der Todesfallmeldung des Erblassers nur noch Verfügungen zulässig, die im direkten Zusammenhang mit der Beisetzung oder Erbauseinandersetzung stehen. Diese Zahlungen dürfen nur von einem Bevollmächtigten des Erblassers oder von allen Erben gemeinsam vorgenommen werden.

Wenn mehr als ein Erbe vorhanden ist und der Erblasser einen der Erben vor dem Tod bevollmächtigt hat, dann ist es unbedingt empfohlen, die bestehende Kontovollmacht zu widerrufen. Dadurch wird verhindert, dass der Bevollmächtigte eigenmächtig das Konto plündert und auflöst ohne die Miterben zu informieren.

Mit dem Widerruf der Kontovollmacht werden die notwendigen Kontoverfügungen selbstverständlich komplizierter, aber auch transparenter für alle beteiligten Erben. Jeder Erbe weiß, welche Verfügungen vorgenommen werden und wie hoch der Kontostand ist.

Die Bankinstitute sind nicht erfreut, wenn eine Kontovollmacht des Erblassers widerrufen wird, weil dies mit Mehraufwand für das Bankinstitut verbunden ist. Dieser

Mehraufwand erschwert nicht nur die Kontoführung für die Bankinstitute, sondern auch die Kontrolle der Verfügungen für die Erben. Jeder Erbe muss eine Verfügung unterschreiben und muss die erhaltenen Kontoauszüge kontrollieren, damit ungerechtfertigte Buchungen verhindert oder zurückgegeben werden.

Lastschriften, die automatisch vom Konto des Erblassers eingezogen werden, können nur innerhalb einer Frist von sechs Wochen komplikationslos zurückgegeben werden. Später festgestellte, unberechtigte Buchungen können nur mit zusätzlichem Aufwand – Schriftwechsel und Eingangskontrolle – zurückgeholt werden, wie bereits vorstehend im Zusammenhang mit Kündigungsschreiben dargelegt.

Sollte Sie, liebe Erben, sich aus Bequemlichkeit dafür entscheiden, die Kontovollmacht bestehen zu lassen, dann akzeptieren Sie das Risiko, dass Sie nicht über alle finanziellen Kontovorgänge informiert sind und diese kontrollieren können. Unberechtigte Verfügungen werden Sie gar nicht oder zu später herausfinden.

Wenn die Kontovollmacht bestehen bleibt, dann kann der Kontobevollmächtigte sämtliche Kontovorgänge ohne die Miterben durchführen. Er kann zum Beispiel das gesamte Kontoguthaben abheben und das Konto auflösen ohne das die Miterben etwas davon mitgekommen. Auch die Kontoauszüge werden nur an den Kontobevollmächtigten versandt und die Miterben haben kein Anrecht auf Kontoeinsicht oder die Bereitstellung der Kontoauszüge. Der Bevollmächtigte ist auch nicht zu Auskünften gegenüber den Erben verpflichtet. Das heißt, wenn der bevollmächtigte Erbe keine Auskunft erteilt oder seine Miterben anlügt, dann haben die Erben keine Möglichkeit dies festzustellen.

Es ist in einem solchen Fall sehr schwer einem Erben unberechtigte Kontoverfügungen nachzuweisen und die Rückforderung dieser unberechtigten Kontoverfügungen zu veranlassen. Nur mit schriftlichen Beweisen können Sie, liebe Erben, auf dem gerichtlichen Klageweg versuchen, das veruntreute Geld zurückzubekommen.

Wollen Sie als Miterbe dieses Risiko eingehen, wenn es mit dem Widerruf der Kontovollmacht schnell und einfach zu vermeiden ist?

Harmonische Einigung oder Krieg

Der Sinn eines Testaments ist es, dass im Fall des Ablebens eines oder mehrerer Erblasser nicht ein erbitterter Kampf über das Nachlassvermögen entbrennt. Mit dem Testament versucht der Erblasser seinen Wunsch bezüglich der Nachlassverteilung an seine Erben zu vermitteln, aber er sollte sich auch bemühen, keinen der Erben zu bevorteilen.

Ein solcher Kampf um das Erbe kann nicht nur eine intakte Familie zerstören, sondern auch ein gutlaufendes Unternehmen in den Ruin treiben, wenn die Erbfolge nicht korrekt und gesetzeskonform geregelt ist. Mögliche Kosten für eine gerichtliche Auseinandersetzung nicht mit eingerechnet.

Die Mehrzahl der Erben wird jetzt sagen, so etwas wird es bei uns nicht geben. Nicht so schnell, liebe Erben. Selbst bei eindeutigen Testamenten, die keinerlei Fehlinterpretation zulassen, kann es zu Uneinigkeit kommen. Das ist dann der Fall, wenn zum Beispiel bei drei Erben zwei einen Pakt schließen, um den Dritten finanziell, moralisch und psychisch zu terrorisieren. Wenn der Dritte nicht eine sehr starke Persönlichkeit und Charakter hat, werden die Paktierer siegen und der Dritte wird mit einem kleineren Anteil abgespeist, als der Erblasser ihm zugedacht hat. Das Fallbeispiel geht detaillierter auf eine solche Situation ein.

Von einer friedlichen Einigung wird gesprochen, wenn alle Erben sich einvernehmlich über die Verteilung des Nachlassvermögens einigen und alle gemeinsam an einer positiven Erbauseinandersetzung arbeiten. Gegenseitige Abneigungen der Erben zueinander sind für den Zeitraum der Erbauseinandersetzung beiseite zu lassen und alle Erben sollten kompromissbereit sein, wenn es bei dem einen oder andern Nachlassgegenstand zu einer offenen Diskussion kommt.

Die Kooperation aller beteiligten Erben wird zu einer positiven und schnellen Abwicklung des Erbfalles beitragen. Einmal gemachte Zusagen und Entscheidungen im Rahmen der Erbauseinandersetzung werden eingehalten und kurzfristig umgesetzt. Es gibt keine Diskussion, ob bestimmte Kosten wie zum Beispiel die Kosten für ein Wertgutachten oder die Erteilung eines Erbscheins notwendig sind oder nicht. Solche Kosten fallen immer an, wenn eine Immobilie zum Nachlass gehört und sind nicht als unnötig zu betrachten.

In sehr harmonischen Familien kann sogar die Bindungswirkung eines Testaments umgangen werden, wenn alle Erben sich einig sind und alle diese Entscheidung mittragen. Das bedeutet, dass die Erben das Nachlassvermögen abweichend von den Vorgaben des Testaments verteilen können, wenn alle Erbe damit einverstanden sind und ein harmonisches Familiengefühl für die Zukunft erhalten wollen. Eine solche abweichende Nachlassauseinandersetzung muss allerdings für alle betroffenen Erben gleichermaßen vorteilhaft sein, damit dieses Ziel erreicht wird.

Leider ist eine solche einvernehmliche Einigung selten der Fall und jeder Erbe versucht für sich das größte Stück zu bekommen, selbst auf Kosten seiner Miterben. Und der Erblasser erhält genau das, was er mit seinem Testament verhindern wollte – die Familienfehde.

Erblasser übersehen häufig die Gefühle ihrer Erben und die bestehende Familiendynamik oder sie sind nicht daran interessiert. Es fehlt den Erblassern die nötige Weitsicht auf die Konsequenzen, die sich aus ihrer Gefühlsignoranz ergeben kann. Es wäre besser, wenn die Erblasser sich das Sprichwort (auf die Situation angepasst) zu Herzen nehmen: behandele jeden Erben wie auch Du als Erbe behandelt werden möchtest. Damit schaffen die Erblasser ein positives Umfeld und hinterlassen eine intakte Familie, wenn sie nicht mehr da sind.

Es sollte daher das Ziel eines Erblassers sein, dass die einzelnen Familienmitglieder sich auch nach einer Erbauseinandersetzung noch in die Augen sehen können, gemeinsam die Werte der Familie vertreten und für einander einstehen unabhängig davon wie der Verwandtschaftsgrad - leibliche, adoptierte oder Stief-Kind – ist. Ein solches Ziel erreicht ein Erblasser nur mit viel Mühe und Einfühlungsvermögen und nicht mit ein paar Zeilen auf einem Blatt Papier mit der Überschrift Testament.

Testamentsvollstreckung

In den vorstehenden Kapiteln sind bereits einige Fußangeln im Zusammenhang eines Nachlasses und dessen Verteilung angedeutet worden. Diese Fußangeln werden den Familienfrieden erheblich beeinflussen bis hin zur vollständigen Familienzerstörung.

Um solchen Streitereien aus dem Weg zu gehen, kann die Testamentsvollstreckung ein gangbarer Weg sein. Allerdings sollte der ernannte Testamentsvollstrecker nicht aus der eigenen Familie kommen, weil in diesem Fall nicht ausgeschlossen werden kann, dass der Testamentsvollstrecker parteiisch den Nachlass verteilt. Der Testamentsvollstrecker sollte am besten eine vom Gericht bestellte Person sein, die mit der Nachlassfamilie keine familiären Bindungen hat.

In diesem Buch wird nur die Testamentsvollstreckung für die Abwicklung eines Nachlasses betrachtet und nicht die Verwaltung eines Nachlasses über Jahre hinweg, wenn die Erbauseinandersetzung zu keinem Ende kommt.

Eine solche Abwicklungstestamentsvollstreckung muss von dem Erblasser in seinem Testament oder seinem Erbvertrag ausdrücklich gewünscht werden. Es gibt keine amtlich angeordnete Testamentsvollstreckung nur weil die Erben sich nicht einigen können.

Der Erblasser legt in seinem Testament genau fest, welche Aufgaben der Testamentsvollstrecker vorzunehmen hat. Die Erben verlieren mit der Testamentsvollstreckung den direkten Zugriff auf die Nachlassgegenstände und der Testamentsvollstrecker übernimmt alle mit dem Erbfall verbundenen Tätigkeiten.

Eine seiner Aufgaben ist die Erstellung des Nachlassverzeichnisses und des Erbteilungsplans, der festlegt, welche Nachlassgegenstände an welchen Erben gehen unter Einbeziehung der Wünsche der Erben. Allerdings hat der Testamentsvollstrecker das letzte Wort bei Erbstreitigkeiten über bestimmte Nachlassgegenstände und deren Verteilung.

Diese Verfügungsgewalt gilt auch bei Bankkonten. Bestehende Kontovollmachten werden mit der Anordnung der Testamentsvollstreckung überflüssig und verlieren ihre Wirksamkeit, auch wenn die Vollmacht über den Tod des Erblassers hinaus gelten sollte.

Eine Testamentsvollstreckung erfolgt nicht kostenfrei und die Rechte der Erben bei der Nachlassauseinandersetzung sind eingeschränkt. Trotzdem kann eine Testamentsvollstreckung den Familienfrieden erheblich positiv beeinflussen, weil viele Tätigkeiten ohne aktive Einbeziehung und Diskussionen der Erben erfolgen. Der Testamentsvollstrecker ist nur Dienstleister und hat keine eigenen Interessen am Nachlass oder Teilen des Nachlasses.

Wenn ein Erbe mit der Einsetzung eines Testamentsvollstreckers nicht einverstanden ist, so kann er das Erbe ausschlagen und seinen Pflichtteil fordern. Welche rechtlichen Konsequenzen und welche Aktivitäten mit einer Erbschaftsausschlagung verbunden sind, sollten Sie auf jeden Fall im Rahmen einer anwaltlichen Beratung klären.

Dieses Buch ist kein Do-it-yourself-Guide für die rechtliche Vorgehensweise, sondern nur ein hilfreicher Ratgeber für die Vorbereitung auf eine Erbauseinandersetzung.

Weitere Verfügungen und Vollmachten vor dem Todesfall

Bisher sind nur Verfügungen betrachtet worden, die ihre rechtliche Wirkung und Bindung erst mit dem Eintritt des Todes entfalten. Es gibt allerdings einige Verfügungen, die Sie als Erblasser zu Lebzeiten unbedingt festlegen sollten. Bei diesen Verfügungen sollten Sie im Vollbesitz Ihrer geistigen Kräfte sein, also nicht auf dem Totenbett liegen oder sich im Endstadium einer tödlichen Krankheit befinden.

Verfügungen und Bestimmungen, die in einer solchen gestressten Situation von Ihnen getroffen werden, können später in einem Gerichtsverfahren leicht verworfen werden, weil Zweifel an Ihrer Testierfähigkeit besteht.

Die nachfolgend beschriebenen Verfügungen sollten möglichst schon früh im Leben festgelegt werden, denn bereits im jungen Alter können Umstände eintreten, die eine der nachstehenden Verfügungen notwendig macht.

Formularvordruck für die nachstehenden Dokumente können Sie sich im Internet herunterladen. Allerdings sind diese Dokumente sehr global und Sie müssen das jeweilige Dokument auf Ihre individuelle Situation anpassen.

Bei Fragen stehen wir Ihnen gern zur Verfügung. Für die Kontaktaufnahme können Sie die Emailadresse am Ende des Buches verwenden.

Patientenverfügung

Bei der Patientenverfügung handelt es sich um ein Dokument, in dem Sie festlegen, welche ärztlichen Aktivitäten und Tätigkeiten Sie wünschen, wenn ein bestimmter Krankheitsfall eingetreten ist.

Bei Operation im Krankhaus werden Sie über alle wichtigen Details und Risiken eines operativen Eingriffs belehrt und Sie unterschreiben den behandelnden Ärzten, dass Sie die Risiken der medizinischen Maßnahme verstanden haben und mit diesen Maßnahmen einverstanden sind.

Die Belehrungen und die dargelegten Details der Behandlungsmaßnahmen gehen immer davon aus, dass die vorgenommene Behandlung erfolgreich ist und Sie anschließend wieder gesund das Krankenhaus verlassen.

Wenn allerdings bei der Behandlung oder der Operation nicht alles wie vorher geplant verläuft und Sie zum Beispiel in ein Koma fallen – was dann?

In einem solchen Fall benötigt das Krankenhaus oder der behandelnde Arzt eine Person Ihres Vertrauens, die weitere medizinische Maßnahmen veranlassen oder auch stoppen darf. Sollte eine solche Person nicht benannt sein, dann ist das ärztliche Behandlungsteam gesetzlich verpflichtet Sie an lebenserhaltende Systeme anzuschließen. Diese Systeme werden Sie auf unbestimmte Zeit am Leben erhalten, aber im schlimmsten Fall werden Sie nichts mehr davon mitbekommen, weil Ihr Hirn geschädigt ist. Ihre Familie muss in dieser Situation zuschauen wie Sie dahin vegetieren ohne Ihnen helfen zu können.

In der Patientenverfügung legen Sie unabhängig von einem bereits konkreten Krankheitsfall fest, welche Personen medizinische Informationen zu Ihrem Krankheitsfall erhalten und Anweisungen für Sie treffen dürfen, wenn Sie nicht mehr dazu in der Lage sind.

Es ist unbedingt notwendig, dass Sie mit der Person oder den Personen Ihres Vertrauens Ihre Wünsche besprechen. Die benannten Personen müssen willens sein, Ihren Wünschen Folge zu leisten ohne sich von den eigenen Gefühlen und Vorbehalten leiten zu lassen. Nicht alle Menschen sind in der Lage, ein solches Amt zu übernehmen und für Sie zu handeln.

Selbstverständlich können Sie eine solche Verfügung jederzeit anpassen und die alte Verfügung vernichten. Allerdings sollte die letzte, gültige Version der Patientenverfügung ständig im Zugriff der benannten Vertrauenspersonen und Ihrer behandelnden Ärzte sein.

In einer solchen Verfügung wird auch festgelegt, unter welchen Bedingungen die von Ihnen beauftragten Personen für Sie entscheidet. Sie bestimmen in diesem Verfügungsdokument, welche lebenserhaltenden Maßnahmen für Sie akzeptabel sind und wann eine Behandlung zu unterbleiben hat.

Wenn die von Ihnen festgelegten Bedingungen eingetreten sind, trifft die von Ihnen benannte Person oder Personen alle medizinisch notwendigen Entscheidungen für Sie und die Ärzte sind nicht auf eine gerichtliche Entscheidung für Ihre Behandlung angewiesen.

Wenn Sie keine solche Verfügung haben, wird ein Gericht die Behandlungsentscheidungen treffen und zwar auf Basis der bestehenden Gesetze. Ihre Wünsche oder ethisch, religiösen Belange werden nicht berücksichtigt und es kann passieren, dass Sie beispielsweise jahrelang im Koma vor sich hinvegetieren.

Die Patientenvollmacht wird nur von Ihnen als Vollmachtgeber unterschrieben.

Vorsorgevollmacht

Bei der Patientenverfügung ist die Krankheit im Fokus des Dokuments. Bei der Vorsorgevollmacht liegt das Augenmerk auf der Vorsorge zu Lebzeiten.

Solange Sie sich gesund und leistungsfähig fühlen, werden Sie sicher keine Unterstützung in Ihrem täglichen Leben benötigen. Sie entscheiden, wie Ihr täglicher Lebensablauf erfolgt. Wann und wie Sie Ihre täglichen Aufgaben erledigen. Allerdings gibt es Situationen, in denen Sie nicht mehr in der Lage sind Ihren Lebensablauf allein aufrecht zu erhalten. Dies ist besonders dann der Fall, wenn es sich um eine mentale Beeinträchtigung handelt.

Bei einer mentalen Beeinträchtigung benötigen Sie Unterstützung bei Ihren täglichen Aktivitäten, wie zum Beispiel Essen, Trinken und Hygiene. Diese Unterstützung durch eine betreuende Person ist deshalb notwendig, weil Sie Ihren Tagesablauf meist nicht mehr eigenständig regeln und abgewickelt können. Sie vergessen das eine oder andere und das kann schwerwiegende gesundheitliche Konsequenzen haben. Die pflegende Person unterstützt Sie bei diesen täglichen Aktivitäten und übernimmt außer-häusige Pflichten für Sie wie zum Beispiel Einkaufen und Bankgeschäfte.

Welche Aktivitäten Sie in einem solchen Fall einer pflegenden Person übertragen möchten und wer diese pflegende Person sein soll, dass hängt von Ihrer Entscheidung ab, die Sie allerdings treffen müssen bevor die Pflegesituation eintritt. Wenn Medikamente bereits Ihren geistigen Zustand beeinflussen, ist es für die Erteilung einer Vorsorgevollmacht meist schon zu spät, weil Sie im Zweifelsfall nicht mehr realisieren was Sie unterschreiben.

Wenn Sie keine solche Vorsorge treffen, so wird eine Person vom Amtsgericht bestimmt, die diese Aufgaben wahrnimmt. Diese Person kann, muss aber nicht aus Ihrer Familie kommen. Um die Auswahl dieser Pflegeperson zu bestimmen, empfiehlt es sich, die gewünschte Pflegeperson in die Erstellung dieser Vorsorgevollmacht mit einzubeziehen und ihre Zustimmung zu den genannten Aufgaben einzuholen.

Die gewünschte Pflegeperson kann Ihren Wunsch auch ablehnen, wenn sie sich dieser Aufgabe nicht gewachsen fühlt. Die Vorsorgevollmacht ist aus diesem Grund auch von beiden Parteien, dem Vorsorgevollmachtsgeber und dem Vorsorgevollmachtnehmer oder der pflegenden Person, zu unterschreiben.

Betreuungsvollmacht

Die letzte beschriebene Vollmacht ist die Betreuungsvollmacht. In diesem einseitigen Dokument legen Sie fest, welche Personen Sie sich für die Betreuung Ihrer Angelegenheiten wünschen. Sollte diese Person Ihrer Wahl nicht zur Verfügung stehen, so können Sie eine Ersatzperson benennen, um zu verhindern, dass das Amtsgericht einen Betreuer bestimmt.

Sie können in diesem Dokument auch Personen von der Betreuung explizit ausschließen, wenn Sie befürchten, dass diese Personen nicht in Ihrem Sinne handeln oder Ihnen nicht wohl gesonnen sind. Wenn Sie diese Personen nicht ausschließen, dann kann es geschehen, dass das Amtsgericht genau diese Personen als Betreuer bestimmt. Wollen Sie das?

Diese Betreuungsvollmacht wird nur von Ihnen als Vollmachtsgeber unterschrieben.

Teilungsversteigerung von Immobilien

Wie vorstehend beschrieben ist eine einvernehmliche Einigung im Rahmen einer Erbschaft häufig nicht gegeben. Es kommt zu Streitigkeiten über einzelne Nachlassgegenstände und deren Aufteilung zwischen den Erben. Ein solcher Problemfall ist zum Beispiel eine Nachlassimmobilie.

Viele Nachlassgegenstände lassen sich verteilen, indem die Erben sich gütlich einigen. Eine Immobilie lässt sich aber auf diese Weise nicht aufteilen. Um eine Immobilie aufteilen zu können, muss zunächst festgestellt werden, wieviel diese Immobilie wert ist.

Damit es nicht bezüglich des Marktwertes der Immobilie zu Streitigkeiten kommt, ist ein vereidigter Immobiliensachverständiger mit der Wertermittlung zu beauftragen. Solche Sachverständige finden Sie entweder beim zuständigen Katasteramt oder der zuständigen Industrie- und Handelskammer. Dort können Sie auch Details und weitere Informationen zu dem jeweiligen Schätzer erfragt.

Wenn die Wertermittlung der Immobilie abgeschlossen ist und das Wertgutachten vorliegt, ist klar, wieviel jedem Erben von dem Wert der Immobilie zusteht. Im nächsten Schritt ist zu entscheiden, welcher Erbe die Immobilie übernehmen möchte und anschließend die übrigen Miterben auszahlt. Mit der Auszahlung erwirbt der auszahlende Erbe das Recht auf die Übertragung des Immobilienanteils von seinen Miterben.

Diese Übertragung erfolgt mit einem notariellen Vertrag ähnlich einem Immobilienkaufvertrag. Die Voraussetzungen für einen solchen Vertrag sind die Vorlage des Erbscheins, die Einigung der Erben bezüglich der Übertragung der Nachlassimmobilie und die Verkehrswertermittlung der Immobilie, um den jeweiligen Auszahlungsbetrag an die Erben zu ermitteln.

Wenn die Erben sich nicht einigen können oder wollen, dann bleibt dem übernehmenden Erben nur die Option der Teilungsversteigerung der Immobilie. Das bedeutet, dass der übernehmende Erbe eine Zwangsversteigerung der Nachlassimmobilie beim zuständigen Amtsgericht betreibt.

Dieses Zwangsversteigerungsverfahren ist eine Sonderform der gewöhnlichen Zwangsversteigerung, bei der ein Dritter, zum Beispiel ein Darlehensgeber, diese betreibt, um seine Darlehensschuld einzutreiben. Bei der Teilungsversteigerung zur Auflösung einer Erbengemeinschaft betreibt der Erbe, der die Nachlassimmobilie übernehmen möchte, die Zwangsversteigerung. Diesem betreibenden Erben gehört bereits ein Anteil an der Immobilie und er will die übrigen Erben aus dem Eigentum und dem Grundbuch entfernen.

Dieses Verfahren kann sich für den übernehmenden Erben lohnen, wenn es ihm gelingt bei den Versteigerungsterminen der einzige Bieter zu sein.

Wenn im ersten Versteigerungstermin keine Gebote kommen und beim zweiten Termin bietet nur der übernehmende Erbe, dann kann er die Immobilie zu einem Preis unterhalb von 50 % des Immobilienverkehrswertes kaufen. Der Wert des Anteils der übrigen Erben an der Nachlassimmobilie errechnet sich an dem erzielten Preis in dieser Teilungsversteigerung und nicht an dem Wert, der in der Verkehrswertermittlung von dem Sachverständigen festgestellt wurde. Der Geldbetrag, den die übrigen Erben ausgezahlt bekommen, ist wesentlich geringer als bei einer friedlichen Erbauseinandersetzung oder einem freihändigen Verkauf.

Der ersteigernde Erbe muss den vollen Preis (er darf seinen Anteil an der Immobilie nicht abziehen) der ersteigerten Nachlassimmobilie innerhalb von sechs Wochen an das Amtsgericht zahlen. Im sogenannten Verteilungstermin wird dieser gezahlte Teilungsversteigerungserlös der Nachlassimmobilie unter den Erben auf Basis eines Testaments oder des geltenden Erbrechts aufgeteilt.

Mehr zu diesem Thema finden Sie in unserem Fallbeispiel.

Öffentliche Auktion von Nachlassgegenständen

Wenn die Erben sich bei einer Immobilie nicht einigen können, dann kann dies bei Hausratsgegenstände und Autos genauso geschehen. Allerdings können Miterben die Versteigerung oder den Verkauf dieser Nachlassgegenstände solange verzögern, wie nicht die Nachlassimmobilie entweder verkauft oder teilungsversteigert wurde.

Jeder einzelne Erbe möchte bestimmte Gegenstände aus dem Nachlass haben, weil diese vielleicht einen besonderen

Erinnerungswert für ihn haben. Seine Miterben haben vielleicht das gleiche Interesse an diesem Gegenstand und eine Einigung, wer den Gegenstand bekommt, ist nicht in Sicht. In einem solchen Fall bleibt den Erben nichts weiter übrig, als diese strittigen Nachlassgegenstände zu verkaufen und den Erlös zwischen den Erben aufzuteilen.

Bei einem solchen Verkauf muss nicht das Gericht bemüht werden, sondern es kann entweder ein freihändiger Verkauf an einen Interessen oder eine öffentliche Auktion der strittigen Gegenstände erfolgen.

Erbschaftskosten

Nach der Erläuterung einiger Erbrechtsbegriffe noch ein paar Worte zu den Kosten. Sicherlich ist kein Erbe bereit mehr zu zahlen als er muss, aber jeder Erbe hat das Recht auf vollständige Auseinandersetzung des Nachlasses und für diesen Prozess der Auseinandersetzung sind einige Schritte einzuhalten, die mit Kosten und Gebühren verbunden sind.

Wenn ein Testament besteht, dann ist dieses Testament von einem Anwalt, Notar oder dem zuständigen Nachlassgericht zu eröffnen.

Wenn die Testamentseröffnung vom Nachlassgericht erledigt wird, dann fallen Gerichtsgebühren für diesen Vorgang an. Diese Gebühren errechnen sich nach einem festgelegten Gebührenkatalog und sind nicht abhängig von der Nachlasshöhe. Bei einem Anwalt werden die Gebühren für diesen Vorgang von einer Anwaltsgebührentabelle bestimmt und diese Gebühren muss Ihnen der Anwalt Ihrer Wahl sofort bei Beginn des Beratungsgesprächs mitteilen.

Auch wenn kein Testament besteht und das Erbe auf Basis des Erbrechts verteilt wird, muss der Tod beim Nachlassgericht und den Banken angezeigt werden. Bei den Banken fallen im Zusammenhang mit der Anzeige des Todes keine Gebühren an. Allerdings wird das Konto des Erblassers nach der Todesanzeige, die durch Vorlage der Sterbeurkunde und/oder eines eröffneten Testaments erfolgen kann, als Nachlasskonto gekennzeichnet. Verfügungen sind nach dieser Todesfallanzeige nur noch eingeschränkt möglich. Details in diesem Zusammenhang sind bereits vorstehend beschrieben worden und werden in unserem Fallbeispiel weiter betrachtet.

Nach der Todesfallanzeige werden die jeweiligen Kontenbestände auf den Konten des Erblassers mit Wert des Todestags an das zuständige Finanzamt gemeldet. Aufgrund dieser Meldung ermittelt das zuständige Finanzamt, ob aufgrund des Nachlasswertes möglicherweise Erbschaftssteuer anfallen könnte. Die endgültige Entscheidung des Finanzamtes kann erst getroffen werden, wenn ein vollständiges Nachlassverzeichnis vorliegt und alle Erben mit ihrem Verwandtschaftsverhältnis bekannt sind.

Sollte zu dem Nachlass eine Immobilie gehören, die mit Eintritt des Todes in das Eigentum eines Erben oder einer Erbengemeinschaft gewechselt ist, dann ist für die Umschreibung und Abwicklung dieser Immobilienübertragung ein Erbschein erforderlich. Dieser Erbschein wird vom zuständigen Nachlassgericht erteilt, sobald das vollständige Nachlassverzeichnis vorliegt. Die Kosten für diesen Erbschein richten sich nach der Gesamthöhe des Nachlasses.

In der Gebührentabelle des Nachlassgerichts gibt es Nachlasslimits, die die Gebühren bestimmen. Wenn der

Nachlass zum Beispiel 440.000 Euro beträgt, dann sind die Kosten für den Erbschein etwa 1800 Euro (2016). Die aktuellen Gebührentabellen sind auch im Internet einsehbar oder Sie erfragen die Gebühren beim zuständigen Rechtspfleger.

Mit dem Tod des Erblassers geht das Eigentum einer Nachlassimmobilie in das Eigentum der Erbengemeinschaft über. Dieser Eigentumsübergang erfolgt rechtlich mit Vorlage der Sterbeurkunde und des eröffneten Testaments. Dieser Eigentumsübergang der Nachlassimmobilie muss kurzfristig im Grundbuch für die Immobilie eingetragen werden, damit die Grundsteuer (Immobiliensteuer) zeitnah auf die neuen Eigentümer geändert wird. Diese Umschreibung des Grundbuchs ist kostenfrei, wenn diese innerhalb von sechs Monaten nach dem Todesfall erfolgt. Für den Ausdruck des geänderten Grundbuchs berechnet das Grundbuchamt 10 Euro und der Ausdruck kann sofort nach Bezahlung mitgenommen werden. Diesen Ausdruck benötigen die Erben auch für die Wertermittlung der Nachlassimmobilie.

Wenn die Nachlassimmobilie von der Erbengemeinschaft auf einen der Erben übertragen wird gegen die Auszahlung der übrigen Erben, dann muss zwingend ein Notar eingeschaltet werden. Die Übertragung einer Nachlassimmobilie kann nur im Rahmen eines notariellen Vertrages erfolgen, damit die Übertragung rechtlich bindend ist und ins Grundbuch eingetragen werden kann. Für diese Übertragung der Immobilie fallen einerseits Notarkosten an sowie Kosten für die Berichtigung des Grundbuches.

Weitere Kosten entstehen, wenn die Nachlassabwicklung nicht friedlich und harmonisch erfolgt. In einem solchen Fall werden Sie um einen Anwalt, der die rechtliche Abwicklung für Sie übernimmt, nicht herumkommen. Die Kosten für einen solchen Anwalt sind abhängig vom sogenannten Streitwert und den Tätigkeiten, die der Anwalt für Sie zu erledigen hat. Auch hierzu finden Sie in unserem Fallbeispiel weitere Details.

Beim Verkauf oder der Versteigerung der Nachlassgegenstände werden Honorare für Wertgutachten, eine eventuelle gerichtliche Zwangsversteigerung oder öffentliche Auktionen durch einen vereidigten Auktionator anfallen, die aus dem Nachlass zu bezahlen sind. Ein Teil dieser Kosten sind vermeidbar, wenn die gerichtliche Auseinandersetzung verhindert werden kann.

Nicht zu vergessen und nicht diskutierbar sind die Kosten der Beisetzung des Erblassers. Zu diesen Kosten zählen der Sarg, die Erstellung der notwendigen Sterbeurkunden, die Todesanzeige und Danksagung in der lokalen Zeitung sowie die Trauerkarten, der Blumenschmuck, der Grabaushub, die Sargträger, die Friedhofsgebühr, die Trauerfeier, der sogenannte Leichenschmaus und vieles mehr. Diese Kosten variieren je nach Aufwand und sind als erstes aus dem Nachlassvermögen zu begleichen, bevor die Erben auch nur einen Cent bekommen.

Um hier den Überblick zu behalten und die Wünsche des Verstorbenen zu berücksichtigen, ist ein offenes Gespräch zwischen allen Beteiligten - dem Erblasser und den Erben - anzustreben. Lieber Erblasser, Sie bekommen nur die Bestattung, die Sie sich wünschen, wenn Sie Ihre Erben entsprechend und rechtzeitig informieren. Anderenfalls bekommen Sie das, was die Erben Ihnen zubilligen oder was die Erben für angemessen erachten.

Der Erbfall ist eingetreten – was nun?

Bevor Sie als Erbe überhaupt etwas tun können, müssen Sie als erstes den Hausarzt des Verstorbenen bestellen, damit dieser den Verstorbenen untersucht und den Tod feststellt. Ohne diese Information können Sie keine Aktivitäten starten, weil die ärztliche Todesfeststellung für jeden weiteren Schritt erforderlich ist.

Der Arzt wird eine eingehende Untersuchung des verstorbenen Erblassers, die sogenannte Leichenschau, vornehmen und aufgrund der vorliegenden Ergebnisse der Leichenschau den Todeszeitpunkt und die vermutliche Todesursache feststellen.

Die vermutliche Todesursache wird aufgrund der Krankengeschichte des Erblassers und den Untersuchungsergebnissen des Arztes festgelegt. Das heißt, wenn der Verstorbene schwer herzkrank war, dann wird aufgrund der Leichenschau die Todesursache vermutlich Herzversagen sein.

Sollten allerdings Zweifel bestehen, weil zum Beispiel Hinweise auf einen gewaltsamen Tod gefunden werden, dann wird die Todesursache als ungeklärt angegeben. In einem solchen Fall wird eine Autopsie durchgeführt und meist auch die Polizei verständigt. Alle weiteren Beisetzungsaktivitäten können erst geplant und durchgeführt werden, wenn der Leichnam des Erblassers nach der Untersuchung von den Behörden freigegeben wird.

Der nächste Schritt ist der Kontakt zum zuständigen Religionsbeistand des Verstorbenen oder eines freien Redners für die Trauerfeier, um den Termin für die Beisetzung zu bestimmen. Um diese Trauerfeier feierlich und nach den Wünschen des Verstorbenen zu gestalten, ist eine

Vorbesprechung notwendig. Im Rahmen dieser Vorbesprechung wird der Ablauf der Trauerfeier abgestimmt und die Lebensgeschichte des Erblassers für die Trauerrede besprochen.

Mit dem Bestattungsunternehmen muss die Trauerfeier ebenfalls abgestimmt werden, um alle notwendigen Aktivitäten für die Abwicklung der Bestattung und die Beisetzung zu organisieren.

Diese Abstimmung beinhaltet unter anderem den Ablauf der Bestattung, den Ort der Beisetzung, den Sarg und dessen Ausstattung, die Trauerkarten für den Versand und die Traueranzeige in der Zeitung, um nur einige zu nennen. Das Bestattungsunternehmen kümmert sich auch um die Sterbeurkunde und die Entwertung des Personalausweises des Verstorbenen. Manchmal übernimmt das Bestattungsunternehmen auch den Versand der Sterbedokumente an die Behörden wie zum Beispiel die Rentenanstalt oder die Krankenkasse.

Während das Bestattungsunternehmen sich um die obigen Aktivitäten kümmert, ist es Ihre Aufgabe als Erbe, ein Lokal für die Bewirtung, den sogenannten Leichenschmaus nach der Beisetzung, zu reservieren. Die Einladung zu diesem Leichenschmaus und der Ort der Bewirtung wird häufig auf kleinen Karten bekannt gegeben, die den versandten Trauerkarten beigefügt werden. Der Ort der Bewirtung ist daher zeitnah mit der Planung der Beisetzung vorzunehmen.

Neben der Einladung zur Beisetzung und der anschließenden Trauerfreier wird in der Traueranzeige auch mitgeteilt, ob der Verstorbene als Trauerbekundung Blumen wünscht oder eine Spende zu Gunsten einer wohltätigen Organisation bevorzugt.

Die Spenden an wohltätige Organisationen sind besonders beliebt, wenn der Verstorbene eingeäschert oder anonym beigesetzt wird, weil in diesem Fall die Beisetzungsstelle flächenmäßig zu klein ist für Blumengebinde oder bei anonymen Grabstellen sind Blumen nur an dafür vorgesehenen Stellen erlaubt.

Dies sind die wichtigsten Aktivitäten, die Sie als Erbe direkt nach dem Ableben des Erblassers abzuwickeln haben. In Ihrem individuellen Todesfall kann es weitere geben, abhängig von Ihrer Religionszugehörigkeit oder Ihrer Familientradition.

In der zweiten Phase, die gewöhnlich nach der Beisetzung beginnt, ist der Nachlassabwicklung oder die Erbteilung vorzunehmen. Um mit dieser Phase zu starten, benötigen Sie die Sterbeurkunde, die normalerweise das Bestattungsunternehmen beim Einwohnermeldeamt einholt. In diesem Zusammenhang wird meist auch der Personalausweis des Verstorbenen entwertet. Bitte achten Sie darauf, dass Sie den entwerteten Personalausweis des Verstorbenen vom Bestattungsunternehmen zurückbekommen, um zu verhindern, dass dieses Ausweisdokument in falsche Hände kommt.

Sie haben mit der Sterbeurkunde das wichtigste Dokument in der Hand, mit dem Sie alle bestehenden Verträge des Erblassers kündigen und auflösen können.

Wenn die Zahlungen an bestehende Zahlungsempfänger monatlich erfolgen, dann werden diese zeitnah eingestellt. Bei einer quartals- und halbjährigen Bezahlung erfolgt die Zahlungseinstellung zum nächstmöglichen Zahlungstermin. Bei jährlichen Zahlungen werden die Verträge meist taggenau abgerechnet und die überschüssig gezahlten Gelder werden wieder auf das Konto des Erblassers zurücküberwiesen. Diese Beträge werden damit wieder Teil der Erbmasse.

Bei der Lebensversicherungsauszahlung gelten die vereinbarten Versicherungsbedingungen und zwar unabhängig von einem Testament. Das heißt, wenn ein Testament besteht, dass eine abweichende Auszahlungsmodalität von den Versicherungsbedingungen festlegt, dann wird die Versicherung das Testament ignorieren und die Auszahlung auf Basis der Versicherungsbedingungen vornehmen und zwar direkt an die nachgewiesenen Erben.

Sollte zu dem Nachlass eine Immobilie gehören, so werden die Kosten für diese Immobilie wie zum Beispiel die Grundsteuer, Wasser, Abwasser etc. weiterhin vom Girokonto des Erblassers, das jetzt der Erbengemeinschaft gehört, bezahlt. Eine Kündigung oder Ummeldung kann erst erfolgen, wenn einer der Erben die Immobilie als Eigentum übernimmt und die Umschreibung im Grundbuch erfolgt ist. Dieses Vorgehen ist rechtlich sinnvoll, weil die Erbengemeinschaft bis zum Umschreibungszeitpunkt als Gesamtschuldner für diese Beträge haftet.

Für die Umschreibung der Nachlassimmobilie ist zu prüfen, ob noch ein Darlehen besteht für die Immobilie. Wenn dies der Fall ist, so hat der übernehmende Erbe eine entsprechende Vereinbarung mit der darlehensgebenden Bank zu treffen bezüglich der bestehenden Restschuld des Darlehens. Wie eine solche Absprache und Abwicklung erfolgt, hängt von dem Nachlassfall, dem Darlehensgläubiger und dem übernehmenden Erben ab.

Wenn keiner der Erben die Nachlassimmobilie übernehmen möchte und diese verkauft wird, dann wird von dem Verkaufserlös zunächst das bestehende Darlehen abgelöst und der verbleibende Überschuss des Kaufvertrages wird entweder auf Basis des gesetzlichen Erbrechts oder auf Basis eines eröffneten Testaments unter den Erben aufgeteilt.

Zu diesem Zeitpunkt werden die Erben sich auch mit der Verteilung der übrigen Nachlassgegenstände wie dem Auto, dem Hausrat, dem Schmuck und den Kontenguthaben befassen müssen.

Beim Hausrat und dem Auto muss die Erbengemeinschaft gemeinsam und einvernehmlich eine Regelung treffen. Bei einem Auto sollte eine solche Vereinbarung einfach zu treffen sein. Entweder übernimmt einer der Erben das Auto und bezahlt die Anteile der übrigen Erben auf deren Konto oder das Auto wird verkauft. Wenn das Auto verkauft wird, dann wird der Verkaufserlös unter den Erben entsprechend den Erbquoten verteilt und ausgezahlt.

Beim Hausrat und Schmuck ist es häufig etwas komplizierter. Wahrscheinlich wird jeder der Erben besonderes Interesse für bestimmte Stücke dieses Nachlassteils haben. Es ist daher sinnvoll, dass die Erben sich zusammensetzen und sich jeder Erbe die Stücke aussucht, die er gern als Erinnerung behalten möchte. Der Rest wird anschließend verkauft und der Erlös wird unter den Erben gemäß den Erbquoten verteilt.

Als letztes werden meist die Kontenguthaben verteilt, weil diese am einfachsten zu teilen sind. Die Banken erwarten von den Erben nur eine eindeutige Weisung, wieviel Euros an welchen Erben und auf welches Konto zu überweisen sind. Allerdings muss diese Weisung an die Banken einvernehmlich von allen Erben getroffen und schriftlich mitgeteilt werden.

Bitte vergessen Sie auch nicht bestehende Darlehen an Familienangehörige mit in das Nachlassverzeichnis aufzunehmen. Solche Darlehen gehören genauso zum Nachlass wie alle anderen Nachlassgegenstände. Jeder Erbe hat das Recht, von dem Schuldner, seinem Miterben, die Begleichung der offenen Darlehensforderung zu verlangen und der Schuldner hat das bestehende Darlehen entweder sofort zurückzuzahlen oder eine Vereinbarung über die Tilgung mit seinen Miterben zu treffen. Eine weitere Möglichkeit ist, dass das bestehende Darlehen auf den Anteil des Nachlasses des Schuldners/Miterben angerechnet wird.

Damit die Verteilung des Nachlasses rechnerisch korrekt und nachvollziehbar erfolgen kann, muss ein vollständiges Nachlassverzeichnis vorliegen, in dem alle Nachlassgegenstände aufgelistet sind. Jeder vergessene oder übersehene Nachlassgegenstand kann zu einer späteren Nachlassauseinandersetzung führen, weil einer oder mehrere der Miterben sich getäuscht fühlen. Auf Basis dieses Nachlassverzeichnisses wird der Erbteilungsplan erstellt.

Im Erbteilungsplan werden die einzelnen Anteile der Erben an jedem Nachlassgegenstand aufgelistet und dieser Erbteilungsplan wie auch das Nachlassverzeichnis ist von allen Erben zu unterschreiben, damit es im Nachgang nicht zu Streitigkeiten kommt.

Das Nachlassverzeichnis und der Erbteilungsplan können auch in einem Dokument kombiniert dargestellt werden. Wichtig ist nur, dass alle Erben das Dokument unterschreiben. Mit der Unterschrift bestätigt jeder Erbe die Richtigkeit und sein Einverständnis mit dem Nachlassverzeichnis und dem Erbteilungsplan. Außerdem bestätigen die Erben, dass der Nachlass damit verteilt ist und keine weiteren Forderungen innerhalb der

Erbengemeinschaft bestehen. Nach Vollendung der Nachlassverteilung löst die Erbengemeinschaft sich auf.

Wenn einer der Erben unwillig ist und dieses Dokument nicht unterschreiben will, so hat jeder der Erben das Recht, aufgrund dieses Erbteilungsplans die Erbteilungsklage vor Gericht zu verlangen. Ohne die Dokumente - Nachlassverzeichnis und Erteilungsplan - ist eine solche Erbteilungsklage nicht möglich, weil das zuständige Gericht nur eine Klage akzeptiert, die das Ziel hat, den Nachlass vollständig aufzulösen. Eine Klage, die nur Teile des Nachlasses umfasst, wird vom Gericht abgewiesen. Details und die Beantragung einer solchen Klage sollten Sie unbedingt mit einem kompetenten Anwalt besprechen. Dieses Buch ist keine Rechtsberatung und darf auch nicht als eine solche verstanden werden.

Sollten die Erben keine Einigung in Eigenregie erreichen, dann ist ebenfalls dringend eine anwaltliche Beratung zu empfehlen. Eine solche anwaltliche Beratung muss nicht zwingend zu einem gerichtlichen Verfahren führen, sondern kann es sogar verhindern. Der Anwalt führt in diesem Fall die Verhandlungen mit den Beteiligten und bemüht sich, eine Einigung über den Nachlass mit den Erben zu erreichen. Das Ergebnis dieser Verhandlungen ist auch hier das vollständige Nachlassverzeichnis und ein Erbteilungsplan, der am Ende von allen Erben der Erbengemeinschaft unterschrieben wird.

Nach der Einigung über den Nachlass und die Verteilung löst die Erbengemeinschaft sich auf und jeder Erbe kann mit seinem Erbteil machen, was er möchte.

Ein Punkt, der häufig übersehen wird im Zusammenhang mit einer Erbauseinandersetzung, ist die zukünftige Grabpflege und Grabstellengestaltung.

Eine Möglichkeit ist, dass einer der Erben die notwendigen Aktivitäten erledigt und sich die Kosten einmal im Jahr von den Miterben erstatten lässt. Wenn größere Ausgaben anfallen wie zum Beispiel die Reparatur am Grabstein oder ähnliches, dann ist vor der Auftragsvergabe die Zustimmung aller Erben einzuholen. Anderenfalls kann es geschehen, dass der beauftragende Erbe seine verauslagten Kosten von den Miterben nicht erstattet bekommt.

Eine Einigung und Vereinbarung zu diesem Punkt sollte aber vor der Auflösung der Erbengemeinschaft erfolgen, weil bei einer disharmonischen Nachlassteilung von den beteiligten Erben keine positive Lösung zu erwarten ist. Ganz besonders dann nicht, wenn einige der Erben finanziell gesehen, einen größeren Anteil vom Nachlass bekommen haben.

Erbschaftssteuer – ein leidiges Thema

Wenn Sie etwas erben, dann wird Vater Staat seinen Anteil von Ihnen fordern, ob Sie es wollen oder nicht. Die Frage ist nur, wieviel er kassieren kann. Es gibt unterschiedliche Freigrenzen, die in einem Erbfall zu berücksichtigen sind.

Für Erben erster Ordnung, das sind zum Beispiel die Kinder des Erblassers, liegt die Freigrenzen bei 400.000 Euro. Das bedeutet, wenn Ihr Erbteil unter dieser Freigrenze liegt, fallen keine Erbschaftssteuern an. Für die Berechnung Ihres Erbteils ist das Nachlassvermögen am Todestage des Erblassers ausschlaggebend und nicht der Tag, an dem Sie Ihren Erbanteil ausgezahlt bekommen.

Sollte Ihr Erbanteil allerdings über der Freibetragsgrenze liegen, dann wird Erbschaftssteuer anfallen. Wenn Sie ein leibliches Kind des Erblassers sind, dann fallen Sie in die günstige Erbschaftssteuerklasse. Diese Steuerklasse eins hat einen Anfangssteuersatz von derzeit 7 % (6/2017) und steigt in Schritten bis auf 30 % an.

Bei den Steuerklassen zwei und drei für verwandtschaftlich weiter entfernte Erben, gibt es geringere Freibeträge und die die Steuersätze beginnen mit 15 % und können bis auf 50 % des ererbten Betrages anwachsen. Das ist ein heftiger Steuersatz – finden Sie nicht, lieber Erblasser und lieber Erbe?

Wenn Sie glauben, dass Sie den Gesamtnachlass durch Umbuchungen auf verschiedene Konten oder Abhebungen vor oder kurz nach dem Todestag des Erblassers verringern können, dann sollten Sie sehr vorsichtig sein. Denn die Banken und Sparkassen sind gehalten, die Kontosalden zum Todestag an das zuständige Finanzamt zu melden und die Kontobestände sind rückwirkend für Jahre überprüfbar. Lieber Erbe, Sie sollten auch nicht vergessen, dass das zuständige Finanzamt die Steuererklärungen des Erblassers der letzten Jahre vorliegen hat und größere Kapitalbewegungen oder Auszahlungen, die nicht erklärbar sind, machen das Finanzamt misstrauisch.

Wenn zu dem Nachlass eine Immobilie gehört, die unter den Erben aufzuteilen ist, dann ist die Beantragung eines Erbscheins beim Nachlassgericht für die Übertragung der Immobilie zwingend vorgeschrieben. Für die Ausstellung eines solchen Erbscheins müssen alle Erben mit ihren Adressen dem Amtsgericht mitgeteilt werden und wie hoch der Gesamtnachlass des Erblassers ist. Diese Informationen werden ebenfalls an das Finanzamt gemeldet, sodass auch hier eine Abstimmung mit den gemeldeten Nachlassbeträgen der Bankinstitute gegeben ist.

Auf Basis dieser gemeldeten Daten von den Bankinstituten und dem Amtsgericht sowie den eigenen Daten aus den Steuererklärungen der vergangenen Jahre kann das zuständige Finanzamt ermitteln, ob Erbschaftssteuer anfällt oder nicht.

Sobald der Erbanteil eines Erben die Freigrenze überschreitet, lohnt sich die Beratung eines kompetenten Steuerberaters und eines Rechtsanwalts ganz sicher. Diese beiden Dienstleister können Ihnen, lieber Erblasser, helfen, eine für Ihre Erben kostengünstige Nachlassregelung zu erarbeiten. Sie werden zwar die Kosten für diese Beratung bezahlen, aber diese wiegen die Kosten für eine spätere Erbauseinandersetzung und die gegebenenfalls anfallende Erbschaftssteuer auf.

Sie, lieber Erblasser, haben in diesem Fall alles für Sie mögliche getan, um die Nachlassauseinandersetzung kostengünstig für Ihre Erben zu regeln und darauf können Sie stolz sein.

Es gibt keine Einigung bei der Nachlassverteilung

Bisher sind wir davon ausgegangen, dass die Familie intakt ist und dass die einzelnen Familienmitglieder, die auch Erben sind, harmonisch miteinander umgehen. Jeder Erbe will das Andenken des Erblassers ehren und ist kooperativ, wenn es um die Teilung des lebenslang hart erwirtschafteten Nachlasses eines geliebten Menschen geht.

Leider ist diese Annahme nur selten die Realität. Oft passiert es sogar, dass die Erbauseinandersetzung sich über Jahre hinzieht und zu keinem Ende kommt, weil die Kooperation der einzelnen Erben nicht gegeben ist. Der eine oder andere

Erbe versucht seinen Erbanteil zu vergrößern oder es macht ihm einfach nur Freude, seine Miterben zu verletzen, weil jetzt der Erblasser nicht mehr regulierend eingreifen kann.

Es kann passieren, dass ein Erbe Lebensmittelrechnung aufsummiert die vor dem Tod des Erblassers angefallen sind und diese von den übrigen Erben ersetzt haben will. Der gesamte Erstattungsbetrag beläuft sich auf rund 200 Euro, der Anteil dieses Erben am Nachlass ist aber 200.000 Euro. Das ist ein 1000stel Prozent vom Nachlass!

Auch bei offensichtlich eindeutigen Testamenten kann es zu Problemen bei den Erben kommen, weil jeder einzelne Erbe das Testament versucht zu seinem Vorteil auszulegen, um den größten finanziellen Anteil zu bekommen oder die Erbauseinandersetzung wird unnötigerweise verzögert, um einen der Erben mürbe zu machen, sodass er alles akzeptiert, nur um endlich seinen Erbanteil zu erhalten.

In einer solchen unschönen Situation müssen Sie als Erbe eines im Blick behalten, Sie werden eine solche Situation nicht allein lösen können, weil das Erbgesetz zwar einfach und logisch erscheint, aber seine Tücken und Schlupflöcher hat. Sie kennen diese nicht und werden mit Sicherheit über den einen oder anderen Stein auf dem Weg stolpern.

Es muss unbedingt Ihr Bestreben sein, die Erbteilung vollständig abzuwickeln und nicht nur die Teile, über die Sie sich mit Ihren Miterben geeinigt haben. Wenn ein Nachlass nicht endgültig abgewickelt wird, dann kann sich diese Angelegenheit bis zu dreißig Jahre hinziehen (das ist die Verjährungsfrist). Sie werden mit diesem Kapitel in Ihrem Leben nicht abschließen können.

Eine disharmonische Erbauseinandersetzung ist nicht selten und kommt in allen Gesellschaftsschichten vor, ganz besonders wenn zu einer Familie leibliche Kinder und Stief-Kinder gehören. Eine solche Erbrechtssituation beinhaltet bereits eine vom Gesetz vorgegebene Ungleichbehandlung und diese wird noch verschärft, wenn die leiblichen Abkömmlinge sich gegen das Stiefkind verbünden. Eine solche Erbschaftssituation ist nicht zu lösen ohne die Unterstützung eines kompetenten Anwalts.

Sollten Sie ein solches Stiefkind sein, dann dürfen Sie keine Schwäche zeigen und müssen für Ihr Recht kämpfen; auch wenn es Ihnen schwerfällt, weil die Erinnerung an die gemeinsamen Kindertage immer wieder vor Ihrem inneren Auge erscheint. Diese schöne Zeit ist vorbei. Es gilt nur das Recht des Stärkeren, dass zeigt die Erfahrung. Der Gewinn Ihrer Miterben wird eine Reduktion Ihres Erbanteils bedeuten.

In einem solchen Fall werden Sie als benachteiligter Erbe um einen Anwalt nicht herumkommen, der mit Ihnen gemeinsam für Ihr Recht eintritt. Bei äußerst unwilligen Miterben wird sich auch mit dem Beistand eines Anwalts der Gang zum Gericht nicht immer vermeiden lassen.

Eine Erbauseinandersetzungsklage ist meist die letzte Lösungsmöglichkeit in einer solchen Situation. Wenn die gütliche Einigung in der Erbauseinandersetzung in Form einer notariellen Vereinbarung von den Miterben ohne Nennung von Gründen abgelehnt wird, muss ein Gericht bemüht werden. Ohne die Unterstützung eines kompetenten Anwalts wird die Erbauseinandersetzung noch länger dauern und wird mit Sicherheit für Sie nicht den gewünschten Ausgang, Abschluss der Nachlassteilung, haben.

Wie finden Sie einen kompetenten Anwalt?

Das ist eine berechtigte Frage. Es gibt eine riesige Anzahl an Anwälten, die eine Praxis haben. Diese Anwälte werden Sie gern vertreten, unabhängig davon, ob sie im Erbrecht Erfahrung haben oder nicht.

Es gibt auch viele Anwälte, die sich auf bestimmte Rechtsgebiete spezialisieren und mit ihrem Türschild auf ihr Spezialgebiet hinweisen. Aber wie das häufig der Fall ist, wenn an der Tür Anwalt für Erbrecht steht, dann heißt dies noch lange nicht, dass Sie den für Sie richtigen gefunden haben. Es gibt enorme Unterschiede bei den Anwälten und ihren Erfahrungen und diese Unterschiede können für Sie von großer Bedeutung sein. Viele Anwälte sind konfliktscheu und versuchen einen Fall schnell abzuschließen, aber nicht unbedingt zu Ihrem Vorteil und in Ihrem Interesse.

Wenn Sie sich auf die Suche nach einem Anwalt machen, dann muss Ihnen klar sein, dass Sie sich nicht zurücklegen können, wenn Sie einen gefunden haben. Der Anwalt ist nur Ihr Gehilfe, Sie sind der Boss. Sie geben das Ziel vor und arbeiten mit an der Umsetzung dieses Ziels. Tun Sie dies nicht, dann wird der Anwalt möglicherweise den für ihn einfachsten und schnellsten Weg nehmen. Der Anwalt wird dann schnell sein Honorar bekommen, aber Sie haben das Nachsehen.

Hier ein paar Hinweise, wie Sie das Thema Anwaltssuche angehen können.

Sie fragen als erstes Ihre Nachbarn und Bekannte, ob Sie Erfahrungen mit einem Anwalt gesammelt haben. Das können gute und schlechte sein, aber Sie bekommen ein Gefühl dafür, was Sie zu erwarten haben. Sie dürfen aber nie vergessen, dieser Anwalt hat das Problem Ihres Nachbarn gelöst und diese Zusammenarbeit hat geklappt. Ihr individuelles Problem ist nicht das gleich wie das Ihres Nachbarn oder Bekannten. Die Vertrauensbasis zwischen Ihnen und Ihrem Anwalt muss stimmen, anderenfalls kann Ihr individueller Erbfall in einem Desaster enden und das wollen Sie ganz sicher nicht.

Ihre zweite Suchoption ist das Internet oder nach alter Manier das Telefonbuch. Dort finden Sie Unmengen von Anwälten aufgelistet, aber wie heißt es, Papier und auch das Internet ist geduldig. Eine Anzeige kann jeder aufgeben. Es wird nicht geprüft, ob der Anzeigende auch wirklich der ist, für den er sich ausgibt.

Im Internet ist diese Problematik des Etikettenschwindels mit Berufstiteln und Fachkenntnis noch einfacher und schneller als auf Papier. Das Internet ist offen für jedermann und eine Kontrolle gibt es nicht. Dabei sind nicht nur die Informationsportale gemeint, sondern im Besonderen die sogenannten Social Networks. Dort wird geschwindelt und übertrieben, dass sich die Balken biegen, aber keiner kontrolliert und zeigt diese Fehler und Schwindeleien an.

Auch die Berufskammern wie zum Beispiel die Anwaltskammern werden nicht tätig. Wenn Sie glauben, dass Sie dort eine Auskunft bezüglich eines kompetenten Anwalts bekommen, dann werden Sie eine herbe Enttäuschung erleben. Dort werden Sie abgespeist mit dem lapidaren Hinweis: Schauen Sie ins Internet.

Wenn Sie dann sagen, ich habe bereits im Internet gesucht und ich habe den Anwalt Herrn Rechtssicher gefunden. Können Sie mir bitte sagen, gibt es den Anwalt überhaupt bei Ihrer Kammer und liegt gegen ihn eventuell eine

Beschwerde vor, so werden Sie mit dem Hinweis auf den Datenschutz abgewimmelt. Bei der Anfrage handelt es sich nur um allgemeine öffentliche Daten und es ist fraglich, wessen Daten hier zu schützen sind – die des Anwalts oder die des Konsumenten?

Sowohl die Anwaltskammer als auch die Anwälte sollten an einem guten Ruf ihrer Mitglieder und ihrer Industrie interessiert sein. Mit etwas Kooperation von allen Parteien und dem notwendigen Augenmaß werden alle gewinnen – die Anwälte, die Anwaltskammer und die Konsumenten.

In anderen Ländern wie zum Beispiel den Vereinigten Staaten werden alle Lizenzen und Zulassungen staatlich registriert und sind öffentlich einsehbar. Sollte eine Beschwerde bestehen oder bestanden haben, so ist zumindest ein Hinweis sichtbar ohne Details zum Tatbestand. Bei ganz schweren Vergehen, die einen Entzug der Zulassung nach sich ziehen, ist auch dies öffentlich einsehbar. Trotzdem verdienen die Anwälte sehr gut und können sich vor Klienten nicht retten.

Hier einige Tipps, wie Sie das Thema Anwaltssuche durchführen können:

Analysieren Sie zunächst Ihre persönliche Familiensituation:

- Wie viele Erben sind beteiligt?
- Wie sind die Familiengefühle der einzelnen Erben zueinander?
- Wer könnte oder wird sich mit welchem Familienmitglied in der Erbangelegenheit verbünden? Warum?

- Welche Optionen haben Sie als Erbe eine vernehmliche Lösung zu finden?
- Aus welchen Nachlassgegenständen besteht der Nachlass?
- Bestehen Nachlassverbindlichkeiten und Nachlassforderungen gegenüber Dritten?
- Sind bereits Wertermittlungen für bestimmte Nachlassgegenstände veranlasst worden zum Beispiel für eine Nachlassimmobilie?
- Sind alle Kosten im Zusammenhang mit der Beisetzung des Erblassers beglichen oder bestehen noch offene Rechnungen?
- Wie hoch ist der Gesamtnachlass?
- Besteht ein Testament und ist dieses bereits eröffnet?
- Gibt es bereits einen Erbschein und wer ist im Besitz des Erbscheins?

Nachdem Sie diese Details zusammengetragen haben und mit Ihren Miterben erste Gespräche bezüglich der Erbauseinandersetzung führten, werden Sie wissen, welche Art von Anwalt Sie benötigen.

Wenn Sie und Ihre Miterben nur eine rechtliche Beratung benötigen, zum Beispiel wie das Nachlassverzeichnis aufzustellen ist und wie ein Erbteilungsplan auszusehen hat, dann werden Sie mit einem Rechtsanwalt oder Notar gut bedient sein.

Dieser wird Ihnen auch helfen können, wenn es um Fragen der Aufteilung von unteilbaren Nachlassgegenständen geht wie zum Beispiel einem Auto. Aufgrund seiner Erfahrungen kann der Anwalt unterstützen, den einfachsten und günstigsten Weg für eine solche Teilung zu finden, wenn alle Erben kooperativ mitarbeiten.

Wenn sich bei der Erbauseinandersetzung allerdings Probleme abzeichnen, dann wird ein Fachanwalt für Erbrecht mit entsprechender gerichtlicher Erfahrung ein guter Partner sein. Aufkommende Probleme sind zum Beispiel erkennbar, wenn die Auffassungen, welcher Nachlassgegenstand zum Nachlass gehört und wie dieser zu verteilen ist, unterschiedlich sind und die Erben keine gemeinsame Basis finden.

In dieser Situation geht es meist noch nicht einmal um den Gegenstand, sondern vielmehr um den Wert dieses Gegenstandes. Der Wert des umstrittenen Nachlassgegenstandes bestimmt den Ausgleichsbetrag, den der übernehmende Erbe seinen Miterben als Ausgleich zahlen muss. Eine solche Ausgleichszahlung und der Streit darüber, kann teuer werden, ganz besonders, wenn bereits Zwist unter den Erben besteht. Ohne Unterstützung von einem Anwalt werden Sie kaum zu einer zufriedenstellenden Lösung kommen.

Wenn Sie die vorstehenden Fragen für sich als Erbe beantwortet haben, können Sie einen Termin mit einem Anwalt Ihrer Wahl vereinbaren. Achtung! Fragen Sie bei der Terminvereinbarung gleich zu Beginn, ob diese Erstberatung kostenfrei ist.

Anwälte bieten häufig eine kostenfrei Erstberatung an, um mit Ihnen gemeinsam Ihren Fall durchzusprechen und Ihnen einen gangbaren, kostengünstigen und schnellen Weg zu empfehlen.

Aber Vorsicht! – Anwälte sind Geschäftsmenschen und wollen verdienen. Es kann Ihnen passieren, dass Sie in diesem Gespräch den Eindruck gewinnen, dass alles ganz einfach sei und dass ein Brief ausreichen würde, Ihr Problem zu lösen. Dem ist häufig nicht so, weil auch die Gegenseite – Ihre Miterben – sich nicht einfach mit einem Anwaltsbrief einschüchtern lassen. Anderenfalls wären Sie nicht in der Situation, sich einen Anwalt nehmen zu müssen.

Im Rahmen dieses ersten Beratungsgesprächs sollten Sie klar und präzise Ihren Fall schildern und auch das von Ihnen angestrebte Ziel für diese Auseinandersetzung detailliert darlegen. Der Anwalt wird Ihnen sagen, ob Ihr Ziel und Ihre Erwartungen realistisch und erreichbar sind auf Basis der bestehenden Gesetze.

Gehen Sie bei diesem Gespräch davon aus, dass der Anwalt Ihnen sagen wird: *alles kein Problem, lässt sich einfach mit einem Brief regeln, ich (Anwalt) habe etliche Jahre Erfahrung.* Vorsicht! Jeder, auch Sie, lieber Erbe, haben ein überschäumendes Selbstbewusstsein, wenn Sie ein neues Geschäft oder einen neuen Auftrag vor sich haben. Die Herausforderungen dieses Auftrags zeigen sich erst später.

Sie sollten daher unbedingt die Frage stellen, was passiert, wenn die Gegenseite nicht so reagiert, wie er (der Anwalt) dies prognostiziert. Wie will der Anwalt dann vorgehen? Wird er vor Gericht gehen? Wie eindringlich wird er Ihre Interessen vertreten? Wie viele Verfahren hat er bereits vor Gericht ausgefochten? Wie lange dauern solche Verfahren? Welche Erfolgschancen haben Sie und vieles mehr.

Sie müssen sich im Hinterkopf merken, dass Ihr Anwalt zwar Ihre Interessen vertreten wird, aber er wird auch mit der Gegenseite und deren anwaltlichen Vertretung verhandeln müssen. In einer solchen Verhandlung werden beide Anwälte immer das Bestreben haben, eine Einigung zu erreichen auf dem kleinsten gemeinsamen Punkt und auf dieser Basis eine außergerichtliche Vereinbarung zu treffen. Ein Anwalt wird meist erst bezahlt, wenn diese Einigung erzielt ist und eine Einigung wird schnell erreicht, wenn beide Seiten sich auf dem vorgeschlagenen Minimalpunkt einigen.

Wie bereits erwähnt, handelt es sich um eine Verhandlung und Sie sollten keinesfalls das erste Angebot der Gegenseite annehmen, sondern solange verhandeln, bis Sie eine für Sie zufriedenstellende Lösung erreicht haben. Das Ergebnis der Verhandlung wird nicht alle Ihre Forderungen erfüllen, sondern Sie werden einige Zugeständnisse an die Gegenseite machen müssen. Das ausgehandelte Ergebnis wird immer mehr sein als das erste Angebot und es sollte unbedingt den gesamten Nachlass umfassen und nicht nur einen Teil.

Eine gerichtliche Auseinandersetzung ist immer mit dem Risiko behaftet, dass ein solches Verfahren auch verloren werden kann. Der Anwalt wird und kann Ihnen keine Garantie geben, dass Sie in allen Punkten im Recht sind und alle Ihre Forderungen erreichen werden. Aber Ihr Anwalt sollte Sie zumindest überzeugen können, dass er im Bedarfsfall den Gang zum Gericht nicht scheut und energisch für Ihre Forderungen eintreten wird. Kann er Ihnen dieses Gefühl nicht vermitteln, ist er nicht der richtige Anwalt für Ihre Angelegenheit.

Verfahren vor Gericht sind teuer, weil nicht nur die Anwälte zu bezahlen sind, sondern es fallen auch Gerichtskosten an. Alle Kosten, Anwaltskosten und Gerichtskosten, werden auf Basis des Streitwerts des Verfahrens berechnet und sind von der im Verfahren unterliegenden Partei zu zahlen. Es sei denn, das Gericht bestimmt eine Kostenteilung. In dem Fall werden die Gerichtskosten auf die beteiligten Parteien verteilt und jede Partei bezahlt den eigenen Anwalt. Details dazu finden Sie in einem späteren Kapitel.

Wenn Sie alle Fragen mit Ihrem Anwalt besprochen haben und Sie haben Vertrauen zu dem Anwalt, dann sollten Sie noch unbedingt bevor Sie ihn beauftragen nach den Rechtsanwaltskosten fragen. Es gibt unterschiedliche Abrechnungsmöglichkeiten für Anwälte, die für Sie sehr teuer werden können.

Gewöhnlich werden Rechtsanwälte auf Basis des Rechtsanwaltsvergütungsgesetzes (RVG) bezahlt. In der Vergütungstabelle sind die Streitwertgrenzen aufgelistet und je nachdem welche Aufgaben der Anwalt für Sie übernimmt, werden die Verfahrenskosten berechnet.

Bei einer Erbschaftsauseinandersetzung gibt es zum Beispiel die Verhandlungskosten und die Einigungskosten. Die Verhandlungskosten betreffen Ihre Gesamtforderung, während die Einigungskosten nur auf den Wert berechnet werden, über auch eine Einigung erzielt wurde. Das heißt, die Kosten für die Einigung sind meist geringer, denn Sie werden sicher nicht mit allen Forderungen bei Ihren Miterben Erfolg haben.

Eine andere Möglichkeit der Bezahlung ist die Abrechnung auf Basis eines Stundenhonorars und das kann dann richtig teuer werden. Stundensätze von 250 Euro und mehr sind keine Seltenheit.

Die Vereinbarung eines Erfolgshonorars für eine Rechtsangelegenheit, wie Sie dies vielleicht aus dem Fernsehen kennen, ist in Deutschland nicht zulässig und Sie sollten ein solches Angebot eines Rechtsanwalts auf keinen Fall akzeptieren.

Es ist allerdings gängige Praxis, dass der von Ihnen beauftragte Anwalt einen Verfahrensvorschuss anfordert. Die Höhe eines solcher Verfahrensvorschuss orientiert sich an den geschätzten Gesamtverfahrenskosten und kann bei 20 % der Verfahrenskosten liegen. Dieser Kostenvorschuss ist für den Anwalt eine kleine Sicherheit, dass Ihnen das angestrebte Verfahren wichtig ist, anderenfalls würden Sie kein Geld investieren.

Noch ein letzter Hinweis für die Auswahl Ihres Anwalts. Versuchen Sie zu vermeiden, dass Ihr Anwalt sein Buero in unmittelbarer Nähe des gegnerischen Anwalts hat. Auch Anwälte sind Menschen, die miteinander privat verkehren und sich austauschen und das könnte ein Nachteil für Sie sein. Das bedeutet nicht, dass die beiden Anwälte sich untereinander absprechen und dabei die Interessen der Mandanten aus dem Auge verlieren, aber auszuschließen ist es auch nicht. Es ist daher sinnvoll, wenn die beiden Anwälte eine gewisse Distanz zueinander halten, um dem Verdacht der Absprache zu vermeiden.

Wenn Sie dies alles im Blick behalten und während Ihrer Erbauseinandersetzung stets aufmerksam sind, dann befinden Sie sich in einer sicheren Position. Sie dürfen trotzdem nicht alles Ihrem Anwalt überlassen nach dem Motto, der Anwalt wird es schon richten. Sie müssen ständig mitarbeiten und mit Ihrem Anwalt ein gutes Team bilden, damit Sie beide erfolgreich sind.

Fragen, die Sie in diesem Buch nicht beantwortet bekommen, können Sie uns gern per Email senden und wir helfen Ihnen gern weiter. Die Emailadresse finden Sie am Ende des Buches.

Anwaltsvollmacht – was bedeutet das?

In Ihrem Leben sind Sie für jede Handlung, die Sie vornehmen, rechtlich selbst verantwortlich. Das heißt, wenn Sie sich ins Auto setzen und wissentlich in einer Ortschaft mit 100 km/h fahren, dann verhalten Sie sich nicht mehr gesetzeskonform und Sie können gerichtlich belangt werden, wenn die Polizei Sie erwischt oder Sie einen Unfall verursachen.

Das gleiche gilt für eine Nachlassauseinandersetzung. Wenn Sie sich nicht in diesen rechtlichen Fragen auskennen und sich nicht selbst vertreten können, dann werden Sie sich um einen Anwalt kümmern müssen, der Sie und Ihre Interessen vertritt. Dieser Anwalt wird alle notwendigen Aktivitäten im Zusammenhang mit Ihrem Fall erledigen und benötigt dazu Ihre Unterstützung.

Wenn Sie den für Ihr Verfahren passenden Anwalt gefunden haben, dann stimmen Sie mit diesem den Auftrag und das Ziel seines Auftrags sowie die entstehenden Kosten ab. Wenn Sie sich mit Ihrem Anwalt geeinigt haben, treffen Sie eine schriftliche Servicevereinbarung. Diese schriftliche Vereinbarung ist meist recht kurz und es handelt sich nur um eine einseitige sogenannte Anwaltsvollmacht.

Mit Ihrer Unterschrift auf dem Vollmachtsformular beauftragen Sie Ihren Anwalt, für Sie die entsprechenden Falldokumente zu erstellen, die notwendigen Akten einzusehen, im Bedarfsfall mit Ihnen vor Gericht Ihren Fall zu vertreten und Sie umfassend in allen rechtlichen Belangen zu beraten.

Aber und das basiert auf eigenen Erfahrungen – lassen Sie sich alle Briefe und Vereinbarungen, die der Anwalt für Sie nach der Auftragserteilung erstellt, zeigen und erklären und zwar mit allen rechtlichen Konsequenzen. Der Anwalt handelt in Ihrem Auftrag und er gibt Erklärungen und Zustimmungen für Sie ab. Wenn sich anschließend herausstellt, dass der Anwalt eine Erklärung für Sie abgeben hat, die Sie so nicht abgeben wollten, dann sind Sie an die Aussage Ihres Anwalts gebunden. Eine Korrektur zu einem späteren Zeitpunkt ist nicht mehr möglich und das kann für Sie einen großen Nachteil bedeuten. Eine Schadenersatzklage gegen Ihren Anwalt wird keinen Erfolg haben, weil Sie ihm die Vollmacht erteilten, für Sie zu sprechen und zu schreiben.

Es ist daher unbedingt notwendig, dass Sie alles im Detail mit Ihrem Anwalt besprechen, bevor er irgendwelche Zusagen in Ihrem Namen macht. Auch muss der Anwalt Sie genau aufklären, welche Konsequenzen die jeweiligen Schreiben haben, die er in Ihrem Auftrag versendet. Lassen Sie sich die Schreiben vor dem Versand vorlegen und akzeptieren Sie nicht, dass Sie nur dem Diktat des Anwalts lauschen dürfen ohne das Ihnen der diktierte Schriftsatz zur Genehmigung vorgelegt wird. Sie wissen nämlich nicht, ob Ihr Anwalt den diktierten Brief nach dem Diktat nicht nochmal angepasst hat.

Lassen Sie sich nicht von Ihrem Anwalt unter Druck setzen mit Worten wie: *Ich weiß schon was ich tue und vertrauen Sie mir etc.* Sie haben das Recht Ihren Anwalt zu kontrollieren, denn schließlich bezahlen Sie ihn für die Vertretung Ihrer Mandanteninteressen. Sie sind der Boss in dieser Geschäftsverbindung, denn Sie bezahlen schließlich die geleistete Arbeit.

Streitwert und Anwaltskosten

Jede Aufgabe, die Sie einem Anwalt zur Lösung übergeben hat, ihren Preis. Dieser Preis bzw. diese Kosten berechnen sich nach dem Rechtsanwaltsvergütungsgesetz (RVG).

Für die einzelnen Aufgaben, die der Anwalt für Sie übernimmt, fallen unterschiedliche Gebührensätze an. Die Höhe dieser Gebührensätze hängen von der Art und dem Umfang ab und beginnen mit 0,3 und enden bei 1,6.

Diese Gebührensätze werden auf den sogenannten Streitwert oder Gegenstandswert angewandt. Das heißt, zunächst wird der Streitwert ermittelt und anschließend wird dieser Streitwert mit dem Gebührensatz aus der RVG-Tabelle multipliziert.

Ein kleines Beispiel:

Der Streitwert Ihres Rechtsstreits beträgt 5000 Euro und Art und Umfang der Aufgabe entspricht einem Gebührensatz von 1,3.

Ihre Kosten in diesem Beispiel sind

393,90 Euro zuzüglich der notwendigen Auslagen von 20 Euro und 19 % Umsatzsteuer (=Mehrwertsteuer) =

492,54 Euro (Stand Juni 2017)

Bei diesen Kosten handelt es sich nur um Ihre Anwaltskosten ohne die Kosten des Gerichts.

Dieses Beispiel dient nur der Verdeutlichung der Kostenermittlung. Bei einem Erbfall, der meist höhere Streitwerte beinhaltet, sind wesentlich höhere Kosten zu erwarten. Als Daumenwert sollten Sie für Ihre Kostenseite von einem Minimum von 5 % des Streitwertes ausgehen.

Dieser Prozentsatz gilt nur für eine außergerichtliche Auseinandersetzung. Bei einem Gerichtsverfahren werden die Kosten wesentlich höher und Sie können, wenn Sie im Verfahren unterliegen, zusätzlich mit den Anwaltskosten der Gegenseite belastet werden.

Wenn Sie Ihre Angelegenheit gerichtlich klären müssen, weil eine außergerichtliche Einigung nicht zu erreichen ist, so kommen zusätzlich zu den Kosten im Rechenbeispiel mindestens noch die Gerichtsgebühren sowie die Kosten Ihres Anwalts, wenn er Sie zu dem Gerichtstermin begleitet.

Sollten Sie das Verfahren, dass Sie gerichtlich ausfechten, verlieren, so werden Sie auch für die Verfahrenskosten der Gegenseite aufkommen müssen. Zu diesen Kosten zählen die Anwaltskosten der Gegenseite, deren Auslagen usw.

Dies ist nur ein kleiner Exkurs in den Gebührendschungel der Anwälte und Gerichte und er soll Sie keinesfalls davon abhalten für Ihr Recht zu kämpfen. Bevor Sie aber zu Gericht gehen, sollten Sie diese Kosten mit Ihrem Anwalt prüfen und genau rechnen. Ein erfolgreiches Gerichtsverfahren sollte nicht nur Ihre Kosten decken, sondern Ihnen auch den erhofften monetären und rechtlichen Erfolg bringt.

Es ist daher zu empfehlen, dass eine außergerichtliche Einigung mit Ihren Miterben Ihre erste Option ist. Nur wenn keine Einigung möglich ist, die Erbauseinandersetzung nicht zum Abschluss kommt und die Auflösung der Erbengemeinschaft daher nicht erfolgen kann, dann sollten Sie den gerichtlichen Weg beschreiten.

Das Ziel einer Erbauseinandersetzung muss immer sein, dass sämtliche Nachlassgegenstände aufgeteilt werden und alle Nachlassverbindlichkeiten und -forderungen der Erben gegeneinander ausgeglichen sind. Die Vereinbarung über die Erbauseinandersetzung ist schriftlich zu dokumentieren.

Das Dokument sollte unbedingt eine Klausel enthalten, dass mit der Unterschrift unter die Erbauseinandersetzungsvereinbarung und Nachlassteilung sämtliche Forderungen und Verbindlichkeiten der Mitglieder der Erbengemeinschaft gegeneinander ausgeglichen sind und die Erbengemeinschaft sich auflöst. Nur so wird verhindert, dass einer der Erben in der Zukunft erneut Forderungen auf Basis des Nachlasses konstruiert und bei seinen Miterben diese einzutreiben versucht.

Nachdem jetzt die wichtigsten Erbschaftsbegriffe beschrieben und erläutert sind, ist es Zeit für das Fallbeispiel.

In diesem Beispielfall betrachten wir eine Erbengemeinschaft, in der die Erben den Nachlass selbstverwalten und es ist kein Testamentsvollstrecker bestellt worden.

Fallbeispiel einer Nachlassauseinandersetzung

Vorausgeschickt sei, dass alle Details, die hier beschrieben werden, aus Recherchen zusammengestellt sind. Zum Schutz der Persönlichkeit sind Namen, Orte und Details verändert worden. Ähnlichkeiten mit lebenden Personen sind daher zufällig und nicht beabsichtigt.

In den üblichen Erbschaftsveröffentlichungen und Fachartikeln in Zeitschriften und im Internet handelt es sich um juristische Meinungen von Rechtsanwälten und Notaren oder die Interpretation von Gerichtsurteilen. An keiner Stelle wird eine Erbauseinandersetzung aus dem Blickwinkel der Betroffenen betrachtet. Dieser Blickwinkel ist aber entscheidender für die Betroffenen als die juristischen Auslegungen, weil die Betroffenen die Auswirkungen zu erleiden haben – sowohl auf psychischer, physischer als auch finanzieller Ebene.

Den Blickwinkel – psychische Leiden verursacht durch die Miterben - will niemand sehen und die Betroffenen sind häufig traumatisiert und frustriert mit dem langsamen Fortgang der Erbangelegenheit. Irgendwann ist der Punkt erreicht, an dem die Betroffenen einfach nur noch ein Ende dieser leidigen Angelegenheit haben wollen.

Es ist erstaunlich, was einige Erben in einer Erbauseinandersetzung versuchen, um sich den größten Brocken des Nachlasses zu verschaffen, den Miterben einen finanziellen Schaden zuzufügen und den Abschluss der Erbabwicklung möglichst lange zu verzögern. Es kann bis zum finanziellen Ruin eines oder mehrerer Erben oder dem seelischen Zusammenbruch eines charakterschwachen Erben reichen.

Je nachdem wie leidensfähig und charakterstark die jeweiligen Erben sind, desto heftiger und widerstandsfähiger werden die Reaktionen gegenüber den übrigen Erben sein. Das bedeutet, wenn ein Erbe sich ausgegrenzt und benachteiligt fühlt oder auch objektiv ist, dann wird er einen Weg finden, seine Rechte zu schützen und zu verteidigen.

Solche Spielchen und Machenschaften haben nichts mit der Erbauseinandersetzung zu tun, sondern dienen häufig nur der Ausübung von Macht eines oder mehrerer Erben gegenüber einem Miterben und fordern dessen Widerstand heraus. An Hand des folgenden fiktiven Beispiels werden einige dieser Ränkespiele und Tricks beschrieben, damit Sie Einblick erhalten, was Ihnen bevorstehen kann, wenn Sie erben. Außerdem können Sie sich auf Ihre zukünftige Erbschaftsauseinandersetzung vorbereiten und Sie erkennen die Tricks Ihrer Miterben.

Starten wir jetzt mit der Gestaltung der Rahmenbedingungen für den Beispielfall:

Wir betrachten eine Familie, die aus den Eltern und drei Kindern besteht. Bei den Kindern handelt es sich um ein Kind aus erster Ehe und weiteren Kindern aus zweiter Ehe. Die Kinder sind alle von der gleichen Mutter, aber sie haben zwei biologisch unterschiedliche Väter.

Der Vater der ersten Ehe ist verstorben und hinterließ die verwitwete Mutter mit einem Kind Dieses Kind erhielt bis zum Abschluss der Schul- und Berufsausbildung Waisenrente.

Diese Halbwaisenrente ist nach dem Gesetz für den Unterhalt und die Ausbildung der Halbwaise gedacht, bis das Halbwaisenkind sich selbst versorgen kann. In unserem Beispielfall floss diese monatliche Zuwendung der

Rentenkasse in das Haushaltseinkommen der Familie ein und wurde für den Familienunterhalt verwendet.

Eine solche Verwendung der Halbwaisenrente ist bis heute nicht unüblich und solange die Verwendung solcher Unterhaltszuwendungen von keiner staatlichen Stelle überprüft wird, wird sich an einer solchen Handhabung der Rentenzahlungen nichts ändern.

Im Übrigen ist eine solche Vorgehensweise nicht nur auf Waisenrente beschränkt, sondern wird auch bei Unterhaltszahlungen von Scheidungskindern angewendet. Der einzige Unterschied ist, dass bei der Unterhaltszahlung aus einer Scheidung der Kindsvater ein Auge auf die Verwendung des von ihm gezahlten Unterhalts haben kann, während bei einer Halbwaise und deren Rentenzahlung eine solche Kontrolle durch den verstorbenen Vater nicht möglich ist.

Damit eine Halbwaise nicht zu einer goldenen Gans für eine Familie wird, sind gewisse staatliche Regeln für die Verwendung von Halbwaisenrenten und Überprüfung im Rahmen von Steuererklärungen sinnvoll zum Beispiel ein Einnahmen und Ausgabenrechnung für die Waisenrentenbezüge. Es sollte nicht so sein, dass Halbwaisen zusätzlich zu dem Verlust eines Elternteiles auch noch einen finanziellen Nachteil hinnehmen müssen, weil kein Geld für eine weiterführende Ausbildung oder ein Studium angespart wird.

Nach einigen Jahren heiratete die Witwe ihren zweiten Ehemann, mit dem sie weitere Kinder hatte. Dieser zweite Ehemann adoptierte das Kind aus erster Ehe nicht. Es blieb zeitlebens ein Stiefkind zu den biologischen Kindern dieser zweiten Ehe und hat damit nach dem Erbrecht eine benachteiligte Position.

Das Erbrecht sieht vor, dass leibliche und adoptierte Kinder eine bessere Position nach dem Erbrecht einnehmen. Diese schlechtere Position eines Stiefkindes kann nach dem geltenden Erbrecht bis zu einer vollständigen Enterbung führen, je nachdem in welcher Reihenfolge die Erblasser versterben und in welchem verwandtschaftlichen Verhältnis der Erblasser zu den Kindern/Erben steht.

Wenn das Kind aus erster Ehe nicht von dem zweiten Mann adoptiert wird, sondern ein Stiefkind bleibt, dann stellt sich die Erbschaftssituation wie folgt dar:

Alle Gegenstände, die vor der Ehe den Ehepartner gehörten, bleiben dem jeweiligen Ehepartner, bis diese Vermögensgegenstände in das Ehevermögen eingebracht werden. Alles was innerhalb der Ehe erwirtschaftet wird, ist Zugewinn der Ehe und geht in den Nachlass ein. Im Rahmen der Erbauseinandersetzung wird dieses Vermögen geteilt.

Hier ein Beispiel: Die Witwe besitzt ein Grundstück und dieses Grundstück bleibt ihr alleiniges Eigentum auch nach der Eheschließung. Erst wenn die Ehefrau, vormals Witwe, sich entschließt, dieses Grundstück teilweise auf ihren Ehemann zu übertragen und ihn als Eigentümer im Grundbuch aufzunehmen, dann wird dieses Grundstück ein Teil des Zugewinns und fällt in das Ehevermögen und spätere Nachlassvermögen.

Ein weiterer wichtiger Punkt bei der Wiederverheiratung ist die Überlegung, ob das Kind aus der ersten Ehe adoptiert wird oder nicht.

Bei einer Adoption wird das Kind aus der ersten Ehe den zukünftigen Kindern der zweiten Ehe gleichgestellt und ist zu gleichem Anteil erbberechtigt wie die zukünftigen Kinder.

Das bedeutet bei einer Erbschaft, dass sämtliche Kinder den gleichen Anspruch auf das Erbe haben. Wie hoch der Anteil an dem Erbe ist, hängt davon ab, ob die gesetzliche Erbfolge eintritt oder ob ein Testament mit einer Aufteilungsverfügung zum Tragen kommt.

In der gesetzlichen Erbfolge ohne Testament erben die leiblichen Kinder und das adoptierte Kind zu gleichen Teilen. Bei drei Kindern bekommt in diesem Fall jedes Kind ein Drittel des gesamten Nachlassvermögens.

Wird das Kind aus der ersten Ehe der Mutter nicht adoptiert, dann stellt sich die gesetzliche Erbfolge abweichend dar. Die leiblichen Kinder aus der zweiten Ehe sind erbberechtigt bei beiden Elternteilen – Vater und Mutter -, während das nicht adoptierte Kind nur einen Erbanspruch an den Nachlassanteil seines leiblichen Elternteiles hat. Wenn die Mutter der biologische Elternteil ist, dann hat das nicht-adoptierte Kind nur Anspruch auf den Anteil am Nachlassvermögen, der der Mutter zugeordnet werden kann.

Zur Klarstellung hier ein Beispiel:

Das nicht adoptierte Kind aus erste Ehe ist ein leibliches (biologisches) Kind der Mutter und die weiteren Kinder der zweiten Ehe sind sowohl leibliche Kinder der Mutter und des zweiten Ehemanns.

Nun stirbt der zweite Ehemann, dann erbt nach gesetzlicher Erbfolge zunächst die Mutter sowie die leiblichen Kinder des verstorbenen zweiten Ehemanns der Mutter. Das nicht adoptierte Kind aus erster Ehe geht leer aus.

Erst wenn auch die Mutter verstirbt, wird der dann vorhandene Nachlass zwischen allen leiblichen Kindern (dem Kind aus erster Ehe und den Kindern aus der zweiten

Ehe) der Mutter aufgeteilt und zwar nach gesetzlichem Erbrecht zu gleichen Teilen.

Sollte allerdings die Mutter zuerst versterben, dann erhalten die leiblichen Kinder – zum Beispiel bei drei Kindern – jeweils ein Drittel des mütterlichen Nachlasses.

Nach dem Tod des Vaters wird der dann vorhandene Nachlass nur noch zwischen den verbleibenden leiblichen Kindern des Vaters aufgeteilt. Das nicht adoptierte Kind aus erster Ehe geht leer aus.

Um dieses etwas plastischer zu machen und die geldliche Komponente aufzuzeigen, hier eine Tabelle:

Erbfall gesetzliche Erbfolge 2 leibliche, 1 Stief-Kind (= nicht adoptiert) Gesamt-Vermögen/Nachlass 100.000 Euro	Erbanteil, der zur Verteilung kommt	Euro Betrag des Erbanteils
Vater verstirbt (2 leibliche Kinder)	50 % des Gesamtnachlasses	50.000 Euro
Anteil der Ehefrau am Gesamtnachlass	50 % (keine Verteilung zu diesem Zeitpunkt)	Ist nicht Teil des verteilbaren Nachlasses
Anteil der Ehefrau/Mutter am Nachlass des Vaters	Hälfte von den 50 % des Gesamtnachlasses	25.000 Euro
2 leibliche Kinder	Hälfte von den 50 % des Gesamtnachlasses aufgeteilt auf die Kinder	Jedes Kind erhält 12.500 Euro (25.000 / 2)
Stiefkind	Nicht erbberechtigt	0

Erbfall gesetzliche Erbfolge 3 leibliche Kinder (Stief-Kind ist das leibliche Kind der Mutter) Vermögen 50.000 Euro - gem. vorstehende Berechnung	Erbanteil, der zur Verteilung kommt	Euro Betrag des Erbanteils
3 leibliche Kinder (Kind aus erster Ehe der Mutter ist uneingeschränkt erbberechtigt)	Drittel vom vorhandenen Nachlass	Jedes Kind erhält 16.666 Euro (50.000 / 3)

Über die Jahre hat die Familie ein Haus gebaut mit finanzieller und Muskel-Unterstützung von allen Familienangehörigen. Zu der finanziellen Unterstützung gehörte unter anderem die Waisenrente des nicht-adoptierten Kindes. Es wurde weder ein Ausgleich für die verwendete Waisenrente an das Waisenkind gezahlt, noch wurde Geld für eine weiterführende Ausbildung oder Studium des Halbwaisenkinds angespart.

Während des Ehelebens bauten die Erblasser weitere Vermögenswerte in Form von Wertpapieren und Kontenguthaben auf und diese sind stetig weitergewachsen. Dieses Geldvermögen bildet gemeinsam mit der Nachlassimmobilie den Gesamtnachlass der Erblasser. Mit dem Tod eines oder beider Erblasser wird dieses Vermögen zum Nachlassvermögen und ist unter den Erben aufzuteilen.

Zu Lebzeiten können die Eltern/Eheleute selbstverständlich Teile des Nachlasses mit Schenkung oder als Darlehen an die zukünftigen Erben übereignen. Allerdings ist die schriftliche Form solcher Vermögensverfügungen dringend zu empfehlen, weil es gesetzliche, erbrechtliche und steuerrechtliche Rahmenbedingungen gibt, die relevant werden können, wenn der Erbfall eintritt.

Jeder betroffene Erbe in der Nachlassauseinandersetzung ist berechtigt, Einsicht zu nehmen und Auskunft zu bekommen, um festzustellen, ob und in welchem Umfang eine Beeinträchtigung seines Erbanteils durch eine solche Vermögensverfügung der Erblasser gegeben ist. Es ist allerdings schwierig, diese Auskunft von den Erben, die eine Schenkung oder ein Darlehen erhalten haben, zu bekommen, wenn keine schriftliche Dokumentation vorliegt. Auch Nachlassgerichte werden in einem solchen Fall keine Hilfe für den auskunftsbegehrenden Erben sein, wenn ihm eindeutige Beweise fehlen.

Für die Schenkungen von einem Erblasser an einen Erben gibt es steuerliche Betragslimits. Bis zum steuerrechtlichen Limit ist eine Schenkung steuerfrei für den Beschenkten und eine solche Schenkung kann alle zehn Jahre wiederholt werden. Allerdings bestehen Ausgleichsansprüche der übrigen Erben gegenüber dem beschenkten Erben, wenn der Erblasser innerhalb von zehn Jahren nach dem Schenkungszeitpunkt verstirbt und die Erbanteile der übrigen Erben aufgrund der vorgenommenen Schenkung geschmälert wurden.

Für die Erben, die einen Ausgleich verlangen können, ist der Zeitpunkt der Schenkung relevant. Wenn eine Schenkung innerhalb der letzten zehn Jahre vor dem Ableben des oder der Erblasser erfolgte, dann ist eine solche Schenkung gegebenenfalls rückabzuwickeln oder der Beschenkte hat einen entsprechenden Ausgleich an die nicht beschenkten Erben zu zahlen. Die genaue Vorgehensweise, wie in einem solchen Fall vorzugehen ist, ist situationsabhängig. Der Erblasser muss diesen Punkt unbedingt im Rahmen eines anwaltlichen Gesprächs klären, damit eine solche Schenkung rechtlich einwandfrei ist und nicht einen Nachteil für die übrigen Erben bedeutet und zu einem gerichtlichen Verfahren führt.

Selbstverständlich können die Erblasser auch ein Testament mit einer detaillierten Nachlassteilung abfassen, aber auch hier sind einige wichtige Punkte bei der Aufteilung zu berücksichtigen, damit es nicht zu einer Benachteiligung einzelner Erben kommt, die in einem Gerichtsverfahren münden.

Um zu verhindern, dass bei dem eintretenden Erbfall der überlebende Ehepartner von den erbberechtigten Kindern in den finanziellen Ruin getrieben wird, verfassen Ehegatten häufig ein Berliner Testament (auch Ehegatten-Testament genannt) und verschieben so die Nachlassaufteilung bis zum Tod des zweiten Erblassers.

In einem Berliner Testament setzen sich die Ehepartner zunächst gegenseitig zu Alleinerben ein. Das heißt, wenn der Ehemann/Vater verstirbt, erbt die Ehefrau alles und die Kinder bekommen zunächst nichts. Das gilt auch, wenn die Ehefrau/Mutter zuerst verstirbt und dann der Ehemann. Erst wenn auch der zweite Erblasser verstirbt, wird der Nachlass aufgeteilt.

Im Rahmen eines solchen Testaments kann festgelegt werden, wie der überlebende Ehegatte mit dem Nachlass verfahren darf oder wie der Nachlass nach dem Tod des letztversterbenden Erblassers zu verteilen ist. Das Testament sollte allerdings unbedingt eine Klausel enthalten, wie zu verfahren ist, wenn einer der Nacherben/Kinder des Berliner Testaments nicht akzeptiert und die Auszahlung seines Erbanteils verlangt, bevor der überlebende Ehepartner (Alleinerbe im Berliner Testament) verstorben ist.

Um zu verhindern, dass einer der zukünftigen Erben, das Berliner Testament nicht als bindend akzeptiert und gerichtlich versucht die Auszahlung seines Erbanteils zu erzwingen, wird häufig eine Strafklausel eingefügt. Diese Klausel kann zum Beispiel so lauten, dass dieser Erbe auf sein Pflichtteil reduziert wird, obwohl ihm gesetzlich mehr zustehen würde. Der Pflichtteil entspricht der Hälfte des gesetzlichen Erbteils, wie bereits im Kapitel *Pflichtteil eines Erben* erklärt.

Wichtig bei einem Berliner Testament ist die Benennung der Nacherben und wie die Teilung des Nachlasses erfolgen soll. Der Nachlass kann einerseits wie beim gesetzlichen Erbe zu gleichen Anteilen unter allen Erben aufgeteilt werden oder die Erblasser geben eine Bruchteilsteilung vor wie zum Beispiel 3/8, 3/8 und 2/8.

Es ist unbedingt zu berücksichtigen, dass der überlebende Ehepartner und Alleinerbe eines Berliner Testaments, dieses nicht mehr abändern kann, sobald einer der Testierenden des Berliner Testaments verstorben ist. Das bedeutet, sollte einer der Testierenden einen Sinneswandel haben und mit dem einmal abgefassten Berliner Testament nicht mehr einverstanden sein, dann muss dieser Testierende zeitnah handeln und das Testament gegenüber seinem mittestierenden Erblasser widerrufen, bevor dieser verstirbt.

Bei einem solchen Sinneswandel zu Lebzeiten beider Erblasser muss der widersprechende Erblasser bei einem

Notar einen schriftlichen Widerruf für das Berliner Testament veranlassen. Dieses Dokument ist anschließend dem zweiten Testierenden postalisch mit Nachweis zuzustellen.

Bei einem Sinneswandel nach dem Ableben eines testierenden Erblassers muss der überlebende Erblasser umgehend nach dem Tod des Erstversterbenden reagieren.

Der überlebende Ehepartner/Erblasser des Berliner Testaments hat sechs Wochen Zeit das Erbe anzunehmen oder auszuschlagen. Innerhalb dieser sechs Wochenfrist muss der überlebende Ehepartner beim Nachlassgericht das Erbe ausschlagen, um so das Berliner Testament ungültig werden zu lassen. Anstelle der Berliner Testamentsregelung tritt in diesem Fall die gesetzliche Erbfolge.

Erfolgt die Ausschlagung der Erbschaft nicht, dann gilt nach Ablauf der sechs Wochenfrist das Erbe als angenommen und das Berliner Testament ist verbindlich. Ein Widerspruch ist dann nicht mehr möglich und der überlebende Ehepartner ist Alleinerbe des gesamten Nachlasses. Über diesen Nachlass kann der Ehepartner frei verfügen innerhalb der gesetzlichen Regelungen und den gegebenenfalls bestehenden Verfügungsklauseln im Berliner Testament.

Der überlebende Erblasser kann allerdings kein eigenes Testament verfassen oder Teile des Erbes weggeben oder verschenken, weil dies bei Erstellung des Berliner Testaments meist mit entsprechenden Klauseln unterbunden wird. Die Nacherben, die Kinder, haben zu diesem Zeitpunkt keinen Anspruch auf Auszahlung oder Geldleistungen aus dem Nachlass. Es können allerdings Darlehen an einen oder mehrere Erben zu Lasten des Nachlassvermögens gewährt werden, die spätestens bei der endgültigen Erbauseinandersetzung auszugleichen sind.

Wenn Sie, lieber Erblasser, in einer solchen Situation sind und Ihren Nachlass mit warmer Hand – wie man so sagt – verteilen wollen, so sollten Sie dies unbedingt schriftlich niederlegen und nur mit anwaltlicher Beratung, um einen späteren Erbstreit zu vermeiden.

Nach dieser Zwischenepisode geht es mit dem Beispielfall weiter.

Die Kinder des Elternpaares/Erblasser sind erwachsen und verheiratet. Zwischenzeitlich haben die leiblichen Kinder bereits eigene Familien und eigene Kinder, außer dem Kind aus erster Ehe.

Eines der leiblichen Kinder wohnt im elterlichen Haus mit ihrer Familie aus wirtschaftlichen Erwägungen und um im Bedarfsfall im Alter aushelfen zu können. Ein leibliches Kind wohnt im Umkreis von 10 KM zum elterlichen Haus und das Kind aus erster Ehe ist international freiberuflich tätig.

Tod des ersten Erblassers beim Berliner Testament

Im Laufe der Zeit verstarb zunächst der zweite Ehemann/einer der Erblasser nach langer Krankheit. Die Pflege während der Zeit vor seinem Tod übernahm die Ehefrau/zweiter Erblasser im eigenen Haus. Es erfolgte keine Erbauseinandersetzung nach dem Erbgesetz, weil die Eheleute/Erblasser ein Berliner Testament gemacht hatten, in dem sie sich gegenseitig als Alleinerben einsetzen und die Kinder zu Nacherben bestimmten.

Der überlebende Erblasser, die Mutter, hatte das handschriftlich verfasste Berliner Testament zu Hause verwahrt, reichte es aber nicht innerhalb der sechs Wochen nach dem Tod des ersten Erblassers zur Eröffnung beim

Nachlassgericht ein. Die nachlassgerichtliche Eröffnung des Testaments erfolgte erst Jahre später, als die Mutter/Erblasserin das Grundbuch der zum Nachlass gehörenden Immobilie berichtigen wollte.

In dieser Situation sind jetzt einige Punkte festzuhalten, die bei der Erbauseinandersetzung problematisch werden können:

Wie bereits erwähnt, muss aufgrund der gesetzlichen Vorgaben ein handschriftlich verfasstes Testament nach Eintritt des Todes eines Erblassers unverzüglich dem zuständigen Nachlassgericht vorgelegt werden. Neben dem handschriftlichen Testament ist auch die Vorlage der Sterbeurkunde erforderlich. Nach Vorlage dieser Dokumente wird das Testament amtlich eröffnen und dem beantragenden Erben, in unserem Fall die Ehefrau, wird eine beglaubigte Ausfertigung des eröffneten Testaments übersandt.

Nicht zu unterschätzen ist in diesem Zusammenhang, dass mit dem Tod eines der Erblasser jedes Testament – in diesem Fall das Berliner Testament – wirksam wird. Wenn der im Testament eingesetzte Alleinerbe zum Todeszeitpunkt des ersten Erblassers mit dem Inhalt des Berliner Testaments nicht mehr einverstanden ist, dann muss der Alleinerbe die Erbschaft ausschlagen. Für die Ausschlagung der Erbschaft gilt eine Frist von sechs Wochen nach dem Ableben des ersten Erblassers. Mit der Ausschlagung des Erbes wird das Berliner Testament hinfällig und die Nachlassverteilung erfolgt gemäß der gesetzlichen Erbfolge.

Ein weiterer Grund für die Ausschlagung einer Erbschaft ist die Überschuldung eines Nachlasses und dieser Grund ist unabhängig davon, ob es sich um ein Berliner Testament handelt oder nicht.

Eine Überschuldung eines Nachlasses ist dann gegeben, wenn selbst bei Liquidierung aller vorhandenen Nachlassgegenstände noch eine Restschuld von Darlehen übrigbleibt. Diese bestehende Restschuld geht auf den Erben oder die Erben über und ist von diesen auszugleichen. Um den Erben hier einen Ausweg aus den Schulden des Erblassers zu ermöglichen, müssen die Erben das Erbe ausschlagen. Damit ist die offene Restschuld uneintreibbar und der Darlehensgläubiger muss diese abschreiben.

Für rechtliche Details zu diesem Thema sollten Sie als Erbe, ob als Alleinerbe, Miterbe in einer Erbengemeinschaft oder als Nacherbe in einem Berliner Testament, unbedingt einen kompetenten Anwalt ansprechen. Dies gilt nicht nur für die geltenden Ausschlagungsfristen, sondern auch für den Verfahrensablauf. Sollten Sie die Ausschlagungsfrist versäumen, dann wird das Berliner Testament rechtskräftig und Sie als Erbe müssen sich an den Inhalt des Berliner Testaments halten.

Der Alleinerbe in unserem Beispielfall hatte die Ausschlagungsfrist versäumt und war jetzt an das Berliner Testament gebunden. Das Berliner Testament wurde nachlassgerichtlich eröffnet und eine Kopie des Testaments und das Eröffnungsprotokoll wurde dem Alleinerben als Legitimationsdokument zugestellt. Der Alleinerbe/Ehefrau ließ auf Basis dieses Dokuments bei den Bankinstituten die Konten auf den neuen Kontoinhaber umschreiben.

Welche zusätzlichen Dokumente von den jeweiligen Bankinstituten in einem Nachlassfall angefordert werden, ist den jeweils gültigen AGBs des betreffenden Instituts zu entnehmen.

In den AGBs wird meist von einer Ausfertigung des Testaments sowie der amtlichen Testamentseröffnung gesprochen, aber nicht von einer Sterbeurkunde oder einem Erbschein. Das Verlangen eines Erbscheins ist aufgrund eines Gerichtsurteils nicht zulässig, weil mit einem Erbschein zusätzliche Kosten verbunden sind und der Erbschein nur für die Umschreibung einer Nachlassimmobilie erforderlich ist, aber nicht für die Änderung eines Kontoinhabers.

Mit der Umschreibung der Konten auf den Ehepartner/Erben aus dem Berliner Testament wird dieser der neue Kontoinhaber, der uneingeschränkt über die Konten verfügen und diese auch auflösen kann.

Als Kontoinhaber hat der Ehepartner/Alleinerbe des Berliner Testaments keine Auskunftspflicht gegenüber den Nacherben. Die Nacherben werden auch solange kein Interesse an diesen Kontoguthaben haben, wie der überlebende Ehepartner/Alleinerbe des Berliner Testaments testierfähig ist. Erst wenn Zweifel an dem mentalen Status des Alleinerben aus dem Berliner Testament auftreten, wird sich Handlungsbedarf für die Nacherben ergeben wie zum Beispiel die Erteilung einer Betreuungs- und/oder Vorsorgevollmacht. Details zu diesem Thema sind in dem Kapital *Weitere Verfügungen und Vollmachten* beschrieben.

Wie bereits erwähnt, muss ein handschriftliches Testament umgehend beim zuständigen Nachlassgericht für die amtliche Eröffnung vorgelegt werden. Bei dieser Eröffnung wird auch festgestellt, ob ein Erbschein erstellt werden muss oder nicht.

Für die grundbuchliche Umschreibung einer Nachlassimmobilie ist ein Erbschein zwingend erforderlich, anderenfalls wird das Grundbuchamt nicht tätig. Das gilt auch, wenn die Nachlassimmobilie zu ideellen Teilen beiden Erblassern gehörte und jetzt auf den Alleinerben umgeschrieben wird.

Um diese grundbuchliche Umschreibung der Immobilie kostenfrei zu erreichen, darf eine Frist von zwei Jahren nach dem Tod des Erblassers nicht überschritten werden. Wird diese Frist überschritten, wird das Grundbuchamt für die Korrektur des Grundbuches der Nachlassimmobilie die übliche Gebühr einfordern.

Für die Beantragung des Erbscheins beim zuständigen Amtsgericht musste der Alleinerbe des Berliner Testaments ein Nachlassverzeichnis mit sämtlichen Nachlassgegenständen einreichen.

Dieses Nachlassverzeichnis enthielt die einzelnen Nachlassgegenstände mit den dazugehörenden geldlichen Werten. Die Nachlasswerte wurden aufsummiert und bestehende Darlehen des verstorbenen Erblassers wurden abgezogen. Der sich daraus ergebende Summenwert war das Nachlassvermögen, das als Basis für die Kostenermittlung des Erbscheins herangezogen wurde.

Zusammen mit der Kostennote des Nachlassgerichts wurde der Erbschein an den Alleinerben versandt und die fällige Gebühr zur Bezahlung angefordert. Mit diesem Erbschein beantragte der Alleinerbe anschließend die Umschreibung des Grundbuchs.

Der Erbschein ist ein amtliches Dokument, dass nur in einfacher Ausfertigung erstellt wird. Der Erbe, der diesen Erbschein erhält, muss daher dieses Dokument gut verwahren und sollte ihn nur zur Einsichtnahme an einen Dritten weitergeben.

Die Nacherben des Berliner Testaments waren zu diesem Zeitpunkt nicht in die Erbabwicklung einbezogen, weil dieser Prozess nur den Alleinerben des Berliner Testaments betraf.

Tod des Erblassers/Alleinerbe und die Nachlassauseinandersetzung (Berliner Testament)

Nach einigen Jahren erkrankte der Alleinerbe des Berliner Testaments schwer und die Krankheit endete innerhalb eines halben Jahres mit dem Tod des Alleinerben. Wenn ein solcher Krankheitsfall eintritt und das Ende absehbar ist, dann ist Eile geboten, um alle noch offenen Fragen zu klären. Die Änderung des Berliner Testaments war nicht mehr möglich. Der erkrankten Erblasser/Alleinerbe und die zukünftigen Erben hätten allerdings eine positive Kommunikation bezüglich des bestehenden Testaments führen können, um eine spätere Nachlassabwicklung zu erleichtern und einen Erbstreit dadurch zu verhindern.

Dies war die letzte Chance des Alleinerben/Erblassers zu erklären, warum ein Testament in einer bestimmten Form abgefasst wurde und wie seine augenblickliche Meinung zu diesem Testament ist. Dies gilt ganz besonders bei einem Berliner Testament, weil dieses Testament bereits seit dem Tod des ersten Erblassers bindend war und von dem zweiten Erblasser nicht mehr geändert werden kann. Der Alleinerbe kann aber sehr wohl versuchen, eine Abänderung des Berliner Testaments zu erreichen, indem er seine geänderte Meinung (wenn das der Fall ist) zu dem Berliner Testament kundtut und versucht die Erben zu einer einvernehmlichen, vom Berliner Testament abweichenden Lösung zu bewegen.

Der jetzige Alleinerbe des Berliner Testaments kann den zukünftigen Erben seinen Sinneswandel und seine Bedenken bezüglich der testamentarischen Nachlassverteilung mitteilen und die Erben bitten, im Rahmen einer einvernehmlichen Erbauseinandersetzung die Bedingungen des Berliner

Testaments zu ignorieren und stattdessen eine einvernehmliche anderslautende Nachlassverteilung vorzunehmen.

Wenn in dem Berliner Testament zum Beispiel die Benachteiligung eines Erben vorgegeben ist und der derzeitige Alleinerbe möchte entgegen dem Testament diese Benachteiligung aufheben und die Verteilung zu gleichen Teilen an alle Erben, so kann der Alleinerbe diesen Wunsch den zukünftigen Erben mitteilen und diese bitten, seinem Wunsch entsprechend zu handeln.

Die Erben wiederrum können, diesem Wunsch nachkommen, müssen aber nicht. Kommen die Erben dem Wunsch nach, dann muss diese Entscheidung einvernehmlich und schriftlich von allen Erben erklärt werden. Mündliche Vereinbarung sind nicht bindend und werden nach dem Tod des Erblassers häufig nicht mehr korrekt erinnert.

Es soll hier nicht verschwiegen werden, dass solche Vereinbarungen ein großes Risiko beinhalten. Wenn der geliebte Alleinerbe noch lebt, werden solchen mündlichen Zusagen schnell und bereitwillig gegeben. Der Respekt vor dem noch lebenden Alleinerben des Berliner Testaments (es handelt sich entweder um den Vater oder die Mutter) spielt eine erhebliche Rolle in dieser Situation. Sobald der Augen des Erblassers aber geschlossen sind, leiden die beteiligten Erben häufig an Gedächtnisverlust. Vorherige familiäre Gefühle und Verbundenheit unter Geschwistern existieren nicht mehr. Jeder ist sich selbst der nächste und Geschwister gegen Stiefgeschwister oder auch Bruder gegen Schwester oder einer gegen alle und umgekehrt.

Wenn alle Optionen – Widerruf durch ein Notardokument und die Ausschlagung der Erbschaft beim Tod des ersten

Erblassers (dadurch kann ein Berliner Testament ungültig werden) sowie auch die letzte Chance einer kommunikativen Lösung mit der Zustimmung aller Erben, ungenutzt bleiben, dann ist ein Erbstreit kaum noch vermeidbar. Die Nichtreaktion des Alleinerben kann entweder darin begründet sein, dass sein angeblicher Sinneswandel nur ein Lippenbekenntnis war oder der Alleinerbe wollte die disharmonische Erbauseinandersetzung, die Benachteiligung einzelner Erben und die Zerstörung der Familie, anderenfalls hätte er rechtzeitig reagiert. Basierend auf diesen Fakten müssen die Erben die Erbauseinandersetzung abwickeln.

Wenn die vorstehenden Optionen vom Erblasser nicht genutzt wurden, dann könnten die Erben, wenn sie weiterhin an einer intakten Familie nach der Erbauseinandersetzung interessiert sind und familiäre Gefühle zueinander haben, selbstverständlich in Eigenverantwortung eine abweichende Nachlassregelung umsetzen. Diese Nachlassregelung muss aber einvernehmlich von allen Erben getroffen werden und den gesamten Nachlass umfassen. Eine solche Einigung ist rechtlich zulässig und muss schriftlich fixiert werden, aber sie ist nicht gerichtlich erzwingbar.

Die Unterstützung eines Anwalts ist in einem solchen Fall dringend anzuraten, damit keine formalen Fehler gemacht werden und es im Nachgang nicht doch zu einer teuren gerichtlichen Erbauseinandersetzung kommt.

In unserem Beispiel waren alle Erben vor Ort und konnten sich auf das unvermeidliche Ende gemeinsam mit dem Erblasser vorbereiten. Die beiden Kinder (Erben), die vor Ort leben und arbeiten, informierten das Ausland lebende Kind (ebenfalls biologischer Erbe) über den sich ständig verschlechternden Allgemeinzustand des Erblassers.

Der Pflegeaufwand war aufgrund mangelnder Erfahrung der Erben nicht abschätzbar, aber es war klar, dass die beiden nahe bei dem Alleinerben/Erblasser lebenden Kinder mit der Pflege überfordert sein würden aufgrund ihrer limitierten Zeitressourcen.

Das dritte Kind (leibliches Kind des Erblassers aber Stiefgeschwister zu den beiden anderen Kindern), das selbstständig tätig ist und im Ausland lebte, war informiert sowohl über den Gesundheitszustand als auch die Pflegebedürftigkeit des Erblassers. Ohne zu zögern übernahm auch dieses Kind seine Verantwortung für die Pflege des Erblassers und reist an, allerdings musste dieses Kind alle entstehenden Kosten aus Eigenmitteln und Rücklagen zu bestreiten, während die übrigen Kinder weiterhin der Berufstätigkeit nachgingen. Als einziges Entgegenkommen wurde dem dritten Kind die kostenlose Unterkunft gewährt.

Alle anderen Dokumente wie zum Beispiel die Patienten- und/oder Betreuungsvollmacht waren erst kurz vor der Endphase der Krankheit unterschrieben worden sein, aber Testierfähigkeit des Erblassers aufgrund der bestehenden Medikamentendosis wurde in diesem Punkt nicht Zweifel gezogen. Über das bestehende Berliner Testament und die bevorstehende Erbauseinandersetzung wurde nicht mit dem Erblasser gesprochen.

Zu diesem Zeitpunkt war das Familiengefüge oberflächlich betrachtet noch intakt. Die erforderlichen Pflegemaßnahmen wurden gemeinsam und mit minimaler externer Unterstützung erbracht. Alle Kinder kamen dem Wunsch des Erblassers nach, in dem sie die Pflege bis zum Tode im eigenen Haus sicherstellten.

Direkt nach dem Tod des Erblassers wickeln die Kinder/Erben die notwendigen Aktivitäten gemeinsam ab. Sie kümmern sich um die Bestattung und die Ausrichtung die Beisetzungsfeier. Während dieser Zeit waren noch alle persönlichen Gefühle der Erben zueinander unter Kontrolle, weil der erweiterte Familienkreis, die Nachbarn und die Bekannten nicht die familiären Interna erfahren sollten.

Diese Schon- und Trauerfrist war allerdings vierzehn Tage nach dem Tod des Erblassers vorbei und die Erben mussten sich mit dem unvermeidlichen – der Regelung des Nachlasses – befassen. Jetzt kamen die wahren Gefühle der Kinder/Erben zueinander an die Oberfläche und beeinflussten alle weiteren Schritte im Rahmen der Erbauseinandersetzung.

Dem verstorbenen Alleinerben/Erblasser war die Nachlassregelung des Berliner Testaments und die Benachteiligung eines seiner leiblichen Erben bekannt. Keine der oben dargestellten Optionen für eine positive Beeinflussung der Erbauseinandersetzung nutzte der Erblasser und er hat damit den Startschuss für eine disharmonische Nachlassteilung gegeben. Das bereits einmal eröffnete Berliner Testament wurde erneut eröffnet und war jetzt auch für den zweiten Erblasser bindend.

Bevor wir fortfahren, hier ein kleiner Tipp für Ihre Erbauseinandersetzung:

Schreiben Sie alles nieder und lassen Sie diese Niederschrift von allen – auch vom Alleinerben aus dem Berliner Testament, falls er noch lebt - unterschreiben. Ob dieses Dokument ohne eine gerichtlichen Auseinandersetzung rechtlich durchsetzbar ist, kann Ihnen ein Fachanwalt beantworten. Zumindest ist eine solche Niederschrift eine moralische Verpflichtung der Erben gegenüber den Wünschen des Erblassers. Die Einhaltung einer solchen Vereinbarung zeigt, wieviel den Erben tatsächlich an den Wünschen des Verstorbenen liegt oder ob alles nur Lippenbekenntnisse waren.

Nach der Beisetzung

Nachdem die erste Trauer abgeklungen war, befassten die Erben sich mit dem Thema der Nachlassverteilung, weil für dieses Verfahren gesetzliche Fristen gelten.

Mit dem Tod des Erblassers ist der gesamte Nachlass – die Immobilie, die Kontenguthaben, das Auto, der Hausrat und der Schmuck sowie Darlehensforderungen und Verbindlichkeiten - in das Eigentum der Erben übergegangen. Wenn nur ein Kind/Erbe vorhanden ist, dann ist die Abwicklung des Nachlasses einfach zu erledigen. Dieser einzige Erbe bekommt alles.

Sobald mehr als ein Erbe vorhanden ist, entsteht eine Erbengemeinschaft. Die Erbgemeinschaft besteht aus allen leiblichen Kindern, die jetzt die Erben der Nachlassgegenstände sind. Alle Nachlassgegenstände gehören jedem einzelnen Erben zu einem Bruchteil, kein Gegenstand gehört einem Erben allein.

In unserem Beispielfall besteht die Erbengemeinschaft aus den drei leiblichen biologischen Kindern des Erblassers, wobei zwei Kinder aus der zweiten Ehe im Halbgeschwisterverhältnis mit dem Kind aus der ersten Ehe des Erblassers stehen.

Bei der gesetzlichen Erbfolge hat jeder Erbe den gleichen Anteil an dem Nachlass, weil die drei Erben leibliche Kinder des verstorbenen Erblassers und nach dem Erbrecht gleichberechtigt sind. Gibt es allerdings ein Testament, so ist dieses Testament bestimmend für die Aufteilung des Nachlasses und nicht das BGB-Erbrecht.

Wie bereits oben erwähnt, gehören alle Gegenstände des Nachlassvermögens allen Erben zur gemeinsamen Hand und die Erben bilden eine sogenannte Erbengemeinschaft. Das bedeutet, dass an jedem einzelnen Nachlassgegenstand jeder Erbe einen Anteil hat. Von jeder Tasse, jedem Teller, jedem Buch, jedem Bettlaken und allem anderen besitzt jeder Erbe nur einen Bruchteil. Die Größe des Bruchteils hängt von der Anzahl der Erben oder den Bestimmungen des Testaments ab. Auf dieser Grundlage kann kein Erbe allein über einen Nachlassgegenstand verfügen, wenn nicht vorher eine Einigung mit den Miterben über diesen Nachlassgegenstand getroffen wurde.

Es ist leicht zu verstehen, dass aufgrund dieser Rahmenbedingung eine solche Erbengemeinschaft nicht langfristig beizubehalten ist und kurzfristig im Rahmen einer Erbauseinandersetzung aufgelöst werden sollte. Wenn alle Erben sich einig sind und kooperieren, kann diese Auseinandersetzung schnell erfolgen. Aber häufig läuft eine solche Nachlassverteilung nicht spannungsfrei ab und zieht sich hin. Je länger die Auseinandersetzung dauert, desto kostenintensiver wird die Abwicklung werden.

Während der Auseinandersetzungsphase sind alle Erben verpflichtet, gemeinsam den Nachlass zu verwalten und Entscheidungen im Zusammenhang des Gesamtnachlasses können nur gemeinsam und einvernehmlich von allen Erben getroffen werden. Beispiele für solche Entscheidungen sind die Gestaltung der Grabstelle oder die Verwaltung einer Nachlassimmobilie.

Jeder Erbe hat ein Mitspracherecht und muss gehört werden, anderenfalls kann der Erbe, der nicht befragt wurde zu einer Entscheidung, seinen Anteil an der Bezahlung der Nachlassverwaltungsmaßnahme verweigern oder auf ein Minimum reduzieren.

Eine Ausnahme bei einer solchen Nachlassverwaltung bilden Notfallmaßnahmen wie zum Beispiel eine Dachreparatur an der Nachlassimmobilie. Wenn beispielsweise das Dach leckt, dann kann die Notfallmaßnahme von einem Erben allein beauftragt werden, eine umfangreiche Reparatur des Dachschadens zur Werterhaltung der Nachlassimmobilie muss aber von allen Erben gemeinsam veranlasst werden. Die anfallenden Kosten werden entweder aus dem bestehenden Nachlassvermögen bezahlt oder jeder Erbe hat seinen Anteil an den Kosten zu bezahlen.

Nachdem diese Details für die Verwaltung des Nachlassvermögens, der Erbschaftabwicklung und der Erbengemeinschaft zusammengetragen sind, kommen wir zurück zu dem Fallbeispiel.

Die notwendigen Aktivitäten für die Bestattung und Beisetzung sind mit allen Erben gemeinsam und einvernehmlich abgewickelt worden. Jeder Erbe zeigte sich von seiner kooperativen Seite und unterschiedliche Auffassungen und Wünsche wurden nach kurzer Diskussion einvernehmlich geregelt.

Nach der Beisetzung und einigen Tagen der persönlichen Trauer starteten die Erben die Nachlassauseinandersetzung.

Bis zum Tod war der Erblasser verantwortlich für seine sämtlichen Zahlungsverpflichtungen und die persönlichen

Aktivitäten seines täglichen Lebens sowie die Verwaltung seines Vermögens. Der Erblasser hat seine Immobilie in Schuss gehalten und die anfallenden Kosten bezahlt, sein Auto benutzt, den Garten gepflegt oder pflegen lassen und vieles mehr. All diese Aufgaben obliegen jetzt den Erben im Rahmen der Nachlassverwaltung.

Diese Nachlassverwaltung kann nur von allen beteiligten Erben gemeinsam ausgeführt werden und jeder Erbe ist gleichermaßen für diese Aufgabe zuständig. Damit diese Aufgaben korrekt wahrgenommen werden, müssen die jeweiligen Erben sich abstimmen, wer welche Aufgaben erledigt, anderenfalls fühlt sich keiner der Erben verantwortlich und es geschieht gar nichts. Es ist daher angebracht, dass die Erben einen regelmäßigen Termin vereinbaren, an dem die notwendigen Aufgaben für die Nachlassverwaltung abgestimmt und beschlossen werden.

Im Rahmen dieses regelmäßigen Abstimmungstermins muss unbedingt auch die Regelung für die Erbauseinandersetzung der Erbengemeinschaft diskutiert werden. Die gemeinsame Nachlassverwaltung eignet sich nur als Zwischenlösung bis der Nachlass geteilt wird.

Solche Abstimmungstermine sind nervenaufreibend und zeitintensiv, weil in solchen Terminen ganz neue Seiten der einzelnen Erben zu Tage treten.

Zu Lebzeiten des Erblassers sind diese zwischenmenschlichen Gefühle der Erben zueinander aus Respekt zum Erblasser unterdrückt worden. Jetzt werden diese offen gezeigt. Zurückhaltung ist nicht mehr nötig und es heißt: jeder gegen jeden oder zwei gegen einen. Wie diese Gefühlsatmosphäre sich auf die Erbauseinandersetzung auswirkt, sehen Sie in den folgenden Kapiteln.

Das erste Gespräch in unserem Beispielfall für die Erbauseinandersetzung fand zwei Wochen nach der Beisetzung in der Wohnung des Erblassers statt.

Die als erstes zu klärende Fragen sind

1. Liegen die notwendigen Dokumente für die Nachlassabwicklung vor?
2. Gibt es ein Testament?
3. Welche Nachlassgegenstände gibt es?
4. Welche Nachlassverbindlichkeiten und welche Zahlungsverpflichtungen gibt es?
5. Welche Nachlassforderungen und Zahlungseingänge gibt es und welche Maßnahmen müssen in diesem Zusammenhang ergriffen werden?
6. Welche Bankkonten gibt es?
7. Gibt es Vollmachten für diese Konten?
8. Welche Rechnungen sind im Zusammenhang mit dem Tod und der Bestattung des Erblassers bisher aufgelaufen und bezahlt?
9. Welche weiteren Rechnungen sind noch zu erwarten in der nächsten Zukunft?
10. Wer übernimmt welche Aufgabe im Rahmen der Nachlassverwaltung und Erbauseinandersetzung?
11. In welchen Abständen sollen diese Abstimmungen stattfinden?
12. Wie erfolgt die Kommunikation der Erben untereinander?

Ein guter Start in einem solchen Termin sind die vorstehenden Fragen. Jeder Miterbe ist gleichermaßen gefordert, an der Beantwortung dieser Fragen teilzunehmen und an der Erledigung der anfallenden Aktivitäten mitzuwirken. Ausreden – ich kann das nicht oder ich bin noch nicht bereit – sind nicht akzeptabel, weil für die Beantwortung und Erledigung dieser Fragen häufig Fristen zu wahren sind. Welche Fristen dies sind, ergibt sich aus den Antworten auf diese Fragen.

Liegen die notwendigen Dokumente für die Nachlassabwicklung vor?

Diese erste Frage ist besonders wichtig, weil ohne die amtlichen Dokumente, die mit dem Tod eines Erblassers zu tun haben, werden Sie als Erbe keine Fortschritte erzielen.

Die wichtigsten Dokumente, die Sie zunächst dem Bestatter übergeben, sind zum Beispiel die Krankenversicherungskarte und der Personalausweis. Außerdem stellt der Hausarzt, der die Leichenschau durchführt, eine Dokumentenmappe zusammen. In dieser Mappe befindet sich ein Formularsatz, in den alle wichtigen Details zu der verstorbenen Person eingetragen werden unter anderem auch die festgestellte Todesursache. Dieser Formularsatz wird getrennt und in bereits bereitgelegten Umschläge verpackt.

Um diese Dokumente einsehen zu können, müssen Sie gemäß der Patientenverfügung handeln und Auskunft verlangen oder selbst Einsicht nehmen bevor die jeweiligen Umschläge verschlossen werden. Wenn die Umschläge verschlossen sind, dann werden Sie nur schwer Informationen von allen Beteiligten – Arzt, Krankenkasse und Bestatter – bekommen, weil diese sich auf den Datenschutz berufen. In ganz harten Fällen werden Sie für eine solche Auskunft sogar einen Anwalt und ein Gericht in Anspruch nehmen müssen.

Die Formularmappe vom Arzt wird mit der Krankenkassenkarte und dem Personenausweis des Verstorbenen dem Bestattungsunternehmen übergeben, das sich um den Versand an die unterschiedlichen Empfänger kümmert. Der Bestatter beschafft auch die Sterbeurkunde vom zuständigen Einwohnermeldeamt und lässt den Personenausweis dort entwerten.

Mehrere Ausfertigungen der Sterbeurkunde sowie den entwerteten Personalausweis erhalten Sie als Erbe vom Bestattungsunternehmen nach einigen Tagen zurück. Diese Papiere benötigen Sie für die weiteren Schritte bei der Nachlassauseinandersetzung.

Gibt es ein Testament?

Nachdem die erste Frage bezüglich der Sterbeurkunde geklärt ist, muss festgestellt werden, ob ein Testament vorhanden ist. Wenn kein Testament vorliegt, dann erfolgt die Nachlassverteilung auf Basis der gesetzlichen Erbfolge. Es bedarf daher keiner amtsgerichtlichen Testamentseröffnung, aber das Nachlassgericht muss trotzdem eingeschaltet werden, wenn eine Nachlassimmobilie vorhanden ist.

Wenn ein Testament vorliegt, ist es wichtig, ob es sich um ein privatschriftliches Testament handelt und wo dieses verwahrt wird. Diese Frage ist auch relevant, wenn es sich um ein Berliner Testament handelt, das beim Tod des ersten

Erblassers bereits eröffnet wurde und beim Amtsgericht hinterlegt ist.

Bei einem eigenhändig verfassten, privatschriftlichen Testament, das zu Hause verwahrt wurde, ist die Abgabe beim zuständigen Nachlassgericht gesetzlich vorgeschrieben. Das Nachlassgericht nimmt das Testament entgegen und führt die sogenannte Testamentseröffnung durch. Dabei wird die Kopie des handschriftlichen Testaments mit einem nachlassgerichtlichen Eröffnungsprotokoll verbunden und beglaubigt. Der einreichende Erbe erhält dieses amtlich eröffnete Testament mit einer Gerichtskostennote zugesandt. Diese nachlassgerichtliche Testamentseröffnung kostet 100 Euro (2016).

Wenn das privatschriftliche Testament bereits beim Amtsgericht zur Verwahrung hinterlegt ist, dann benötigt der beantragende Erbe nur eine Kopie der Sterbeurkunde und seinen Personenausweis für die Beantragung der Testamentseröffnung. Das Testament wird aus der Verwahrung entnommen und eröffnet. Die Kosten sind die gleichen wie im vorstehend beschriebenen Fall. Die Hinterlegungskosten hatte der Erblasser bereits bei der Einreichung des Testaments gezahlt.

Auch wenn ein Berliner Testament vorliegt, dass bereits einmal beim Tod des ersten Erblassers eröffnet wurde, muss dieses ein weiteres Mal eröffnet werden. Bei der ersten Testamentseröffnung war der überlebende Ehepartner der Alleinerbe des Nachlasses und die Eröffnung des Testaments legitimierte den Alleinerben gegenüber den amtlichen Stellen als Alleinerbe. Jetzt nachdem der Alleinerbe ebenfalls verstorben ist, sind die Schlusserben des Berliner Testaments die Begünstigten und damit diese die Abwicklungsaufgaben des Nachlasses durchführen können, muss dieses

Legitimierungsdokument (beglaubigte Testamentseröffnung), für die Nacherben erstellt werden. Details zu diesem Thema werden nachfolgend beschrieben.

Wenn die Frage Testament von den Erben diskutiert wird, treten meist die ersten Auffassungsdiskrepanzen auf. Einer oder mehrere der Miterben geht davon aus, dass die Testamentseröffnung oder die Nachfrage beim Amtsgericht nicht notwendig ist und dadurch nur unnötigerweise Kosten erzeugt werden.

Dem ist nicht so, denn diese beglaubigte Testamentseröffnung ist das Legitimationsdokument für die Erben wie ein Ausweis. Ohne dieses Dokument werden weder amtliche Stellen noch Bankinstitute auch nur ein Wort mit einem Erben wechseln und irgendeine Auskunft geben. Die Sterbeurkunde ist keine Legitimation für die bestehende Erbschaft, sondern lediglich ein Dokument, das gesagt, wann eine Person verstorben ist.

Sollte es bereits bei dieser Frage zu Unstimmigkeiten innerhalb der Erbengemeinschaft kommen, dann ist dies ein Indiz, dass die Erbauseinandersetzung nicht so harmonisch ablaufen wird wie erhofft.

Welche Nachlassgegenstände gibt es?

Die Frage Testament ist geklärt und die nächste Frage, die jetzt zu klären ist, sind die Nachlassgegenstände, die der Erblasser zu Lebzeiten besessen hat und die jetzt das zu verteilende Nachlassvermögen bilden.

Zu diesen Gegenständen zählt alles – Haus, Auto, Hausrat, Schmuck, Kleidung und so weiter. Es muss zwar nicht jeder einzelne Gegenstand des Hausrats aufgelistet werden, aber es muss ein Wert für alle diese Teilgegenstände geschätzt werden zum Beispiel das Kaffeegeschirr hat den Wert X Euro. Diese Schätzung müssen die Erben einvernehmlich und gemeinsam durchführen. Sobald es allerdings zu Unstimmigkeiten kommt, wird eine dritte unabhängige Partei hinzugezogen werden müssen.

Eines der größten Probleme in diesem Zusammenhang ist eine Nachlassimmobilie. Die Nachlassimmobilie ist zum aktuellen Verkehrswert zu bewerten und dieser festgestellte Verkehrswert ist anschließend zwischen den Erben aufzuteilen. Das bedeutet, dass der Erbe, der die Immobilie übernehmen möchte, seine Miterben entsprechend dem ermittelten Verkehrswert auszahlen muss.

Diese Auszahlungspflicht kann für den übernehmenden Erben eine Herausforderung sein und daher wird er versuchen, den Wert der Immobilie möglichst gering anzusetzen. Je geringer der Verkehrswert der Immobilie angesetzt wird, desto geringer wird auch der auszuzahlende Betrag des übernehmenden Erben an seine Miterben sein. Allerdings werden die Miterben, die einen Auszahlungsbetrag zu bekommen haben, eine solche Herunterrechnung des Verkehrswerts selten akzeptieren, weil eine solche Rechnung ihren Erbanteil vermindert. Es ist daher anzuraten, einen unabhängigen vereidigten Sachverständigen mit der Verkehrswertermittlung zu beauftragen.

Bei einem Pkw kann die Feststellung des Wertes relativ einfach erfolgen. Im Internet gibt es diverse Autoverkaufsportale und die dort angezeigten Pkw-Werte können als Grundlage für die Wertermittlung genutzt werden. Eine weitere Option kann auch sein, dass Auto bei der Dekra untersuchen und schätzen zu lassen.

Für die Schmuckbewertung kann der ortsansässige Juwelier sicher eine Einschätzung der einzelnen Schmuckstücke oder zumindest deren Materialwert geben. Dieser Wert wird in das Nachlassverzeichnis aufgenommen für die Ermittlung des gesamten Nachlassvermögens. Jeder Miterbe wählte anschließend seine Lieblingsstücke aus und der Rest wird eingeschmolzen. Der Materialwerterlös nach dem Einschmelzen wird anschließend aufgeteilt.

Beim Hausrat wird es schon schwieriger, weil jeder Miterbe seine eigene Wertvorstellung bezüglich des Hausrats hat. Auch handelt es sich bei dem Hausrat um Gegenstände des täglichen Lebens, die entsprechende Abnutzungsspuren aufweisen und daher wahrscheinlich keinen großen materiellen Wert darstellen.

Wertmäßig gut erhaltene Hausratsgegenstände mit wenig Gebrauchsspuren wie zum Beispiel Trainingsmaschinen können gut verkauft werden und sind daher separat zu bewerten im Nachlassverzeichnis. Der Erlös des Verkaufs wird anschließend unter den Erben aufgeteilt.

Nach der Bewertung sollte sich jeder Erbe die von ihm gewünschten Gegenstände aus dem noch vorhandenen Hausrats herausnehmen und der Rest wird entweder verkauft, versteigert oder entsorgt.

Sollte keine Einigung innerhalb der Erbengemeinschaft erreicht werden können, bietet sich die öffentliche Versteigerung des Hausrates an.

Bei der Erörterung der vorstehenden Punkte zeigte sich ebenfalls Streitpotential, das eine harmonische Erbauseinandersetzung erschwerte.

Welche Nachlassverbindlichkeiten und welche Zahlungsverpflichtungen gibt es?

Unter dem Begriff Nachlassverbindlichkeiten werden unter anderem Darlehen verstanden, die der Erblasser zu Lebzeiten aufgenommen hatte. Diese Nachlassverbindlichkeiten gehen mit Eintritt des Todes auf die Erbengemeinschaft über. Die Erben müssen sich abstimmen, wie mit diesen Verbindlichkeiten umgegangen werden soll.

Für die Erbengemeinschaft ist ein solches Darlehen insoweit problematisch, weil die Erben gesamtschuldnerisch für diese Verbindlichkeit haften. Das heißt, der Darlehensgläubiger kann die Rückzahlung des bestehenden Darlehens von jedem einzelnen Erben verlangen oder von allen Erben gemeinsam.

Wenn die Darlehensrückzahlung nur von einem der Erben gefordert und geleistet wird, dann hat dieser Erbe einen Ausgleichsanspruch gegenüber seinen Miterben in Höhe des auf die Miterben entfallenden Anteils des Darlehens. Wenn die Miterben diesen Anteil nicht erstatten wollen, dann muss der Erbe, der das Darlehen abgezahlt hat, seine Miterben gerichtlich auf Erstattung verklagen.

Sollten die Nachlassverbindlichkeiten allerdings so hoch sein, dass der gesamte Nachlass nicht zur Rückzahlung der Verbindlichkeiten ausreicht, dann ist von den Erben zu überlegen, ob sie das Erbe annehmen oder besser ausschlagen. Die Verpflichtung zur Rückzahlung des Darlehens besteht nur, wenn die Erben ihr Erbe annehmen. Schlagen die Erben ihr Erbe aus, dann bleibt der Gläubiger auf seiner Verbindlichkeit sitzen, es sei denn, die Darlehenssicherheit reicht für die Tilgung des Darlehens aus.

Für die Erbausschlagung oder den Erbverzicht haben die Erben eine Frist von sechs Wochen nach dem Tod des Erblassers. Die Ausschlagung des Erbes gilt für den gesamten Nachlass und nicht nur für Teile. Damit die Erben in diesem Punkt die richtige Entscheidung treffen, ist es wichtig, dass geklärt wird, ob ein Testament besteht und das dieses kurzfristig eröffnet wird. Verstreicht die Sechs-Wochen-Frist ohne Erbausschlagung, gilt das Erbe als angenommen und die Erben tragen alle Konsequenzen, die sich aus dem Nachlass ergeben.

Bei den Zahlungsverpflichtungen handelt es sich um Zahlungen an den Stromversorger, die Wassergesellschaft oder auch an Versicherungen. Diese Zahlungen sind monatlich fällig und werden meist automatisch per Lastschrift vom Konto des Erblassers abgezogen.

Einige dieser monatlichen oder wiederkehrenden Zahlungsverpflichtungen sind vom Lebenszustand des Erblassers abhängig – zum Beispiel Versicherungen -, andere sind an die Nachlassimmobilie gekoppelt wie zum Wasserversorgungsgesellschaft.

Es ist unbedingt zu empfehlen, eine Liste aller Zahlungsverpflichtungen aufzustellen auf Basis der vorliegenden Kontoauszüge des Erblassers und zwar für einen Zeitraum von einem Jahr. Einige Zahlungsverpflichtungen werden nur jährlich abgebucht und auch diese müssen in die Liste aufgenommen werden, damit eine zeitnahe Kündigung des Vertrags erfolgen kann.

Eine Vertragskündigung muss schriftlich erfolgen und bedarf häufig einer Kopie der Sterbeurkunde oder des nachlassgerichtlich eröffneten Testaments als Beweisbeleg. Bei wichtigen Vertragskündigung ist sogar der Versand des

Kündigungsschreibens mit Einschreiben gegen Rückschein sinnvoll, weil Kündigungsschreiben auch verloren gehen können.

Kurzfristige fällige Zahlungsverpflichtungen können zeitnah gekündigt und gestoppt werden. Bei jährlichen Beitragszahlungen haben die Erben nach der Kündigung einen Anspruch auf Rückzahlung des überzahlten Jahresbeitrags.

Alle diese Belastungen und Rückerstattungen sollten während der Nachlassabwicklung von einem der Erben kontrolliert werden, damit keine Zahlungen übersehen werden.

Welche Nachlassforderungen und Zahlungseingänge gibt es und welche Maßnahmen müssen in diesem Zusammenhang ergriffen werden?

Neben den Nachlassverbindlichkeiten gibt es auch die Nachlassforderungen und Zahlungseingänge.

Bei den Nachlassforderungen handelt es sich um Darlehen, die der Erblasser an einen der Erben oder eine andere Person im Familien- oder Bekanntenkreis gegeben hat. Eine solche Forderung gehört in den Nachlass und der Erbe, der dieses Darlehen bekommen hat, ist verpflichtet, diese Informationen gegenüber seinen Miterben bekannt zu geben, weil eine solche Darlehensforderung das Nachlassvermögen und die Erbanteile der übrigen Erben beeinflusst.

Wenn der Erbe, der das Darlehen erhalten hat, dieser Informationspflicht nicht nachkommt und die Miterben dies im Nachhinein herausfinden, ist der Konflikt bei der

Erbauseinandersetzung vorprogrammiert. Es handelt sich um einen massiven Vertrauensbruch gegenüber den Miterben und ein solcher Vertrauensbruch wird im schlimmsten Fall vor einem Zivilgericht geklärt.

Weitere Zahlungseingänge, die hier betrachtet werden, sind Gehaltseingänge oder Rentenzahlungen, je nachdem wie alt der Erblasser bei seinem Tod gewesen ist. Auch diese Zahlungsleistenden müssen umgehend in schriftlicher Form vom Tod des Erblassers informiert werden meist mit Beifügung einer Kopie der Sterbeurkunde.

Wenn die Erben die Information vom Ableben des Erblassers verzögern und der Zahlungsleistende auch weiterhin seine Beträge überweist, dann sind die Erben gemeinschaftlich für die überzahlten Beträge verantwortlich. Die überzahlten Beträge gehören nicht der Erbengemeinschaft und müssen entweder zurücküberweisen werden oder die Zahlungsleistenden holen sich diese Beträge mittels Lastschrift zurück.

Auch diese Beträge sind auf den Kontoauszügen zu kontrollieren.

Welche Bankkonten gibt es?

In den beiden vorstehenden Kapiteln sind die Kontoauszüge des Erblassers bereits ein Thema gewesen. Die Kontoauszüge aus der Vergangenheit sind den Erben leicht zugängig, weil diese in der Wohnung des Erblassers vorliegen oder per Online einsehbar sind.

Es ist wichtig, sämtliche Konten des Erblassers in das Nachlassverzeichnis einzufügen, weil jedes einzelne

Bankinstitut über den Tod des Erblassers zu informieren ist. Auch können auf jedem Konto Zahlungsbelastungen und Zahlungseingänge enthalten sein, die nach dem Tod des Erblassers gestoppt werden müssen.

Die Information an die Banken hat zeitnah zu erfolgen, weil die Banken sämtliche Konten mit dem Saldo des Todestages an das Finanzamt melden müssen. Außerdem wird mit der Todesfallmeldung die Verfügungsmöglichkeit auf den jeweiligen Konten eingeschränkt. Der ehemalige Kontoinhaber ist tot und die Rechtnachfolge, sprich die Nachlassauseinandersetzung, ist noch nicht geklärt.

Aufgrund dieser drohenden Verfügungseinschränkung versuchen Bevollmächtigte des Kontos, Erben oder andere Personen, die Todesfallmeldung zu verzögern, um so weiterhin über das Konto zu verfügen und es sogar auflösen zu können. Die Bankinstitute werden nicht tätig und sperren das Konto, bevor sie nicht über den Tod des Kontoinhabers informiert werden. Eine solche Todesfallmeldung beendet auch nicht in allen Fällen eine bestehende Kontovollmacht.

Wenn die Vollmacht des Kontos nicht automatisch mit dem Tod des Kontoinhabers erlischt, dann kann der Bevollmächtigte weiterhin über das Konto des Erblassers verfügen und die Bank wird die vorgenommenen Verfügungen nicht auf Rechtmäßigkeit kontrollieren, auch wenn ihr bekannt ist, dass der Kontoinhaber verstorben ist. Um unrechtmäßige Verfügungen zu verhindern, sollten daher alle Kontovollmachten entweder mit dem Tod enden oder die Erben sollten bestehende Vollmachten mit sofortiger Wirkung bei den jeweiligen Bankinstituten widerrufen.

Notwendige Zahlungen im Zusammenhang mit dem Ableben des Erblassers können auch nach der

Todesfallmeldung durchgeführt werden, allerdings müssen nach der Todesfallmeldung alle Erben die Kontoverfügung gemeinsam veranlassen und unterschreiben.

Die Todesfallmeldung kann sofort und formlos erfolgen, muss allerdings schriftlich nachgereicht werden. Als Legitimation für die Todesfallmeldung ist eine Kopie der Sterbeurkunde und falls bereits vorhanden das nachlassgerichtlich eröffnete und beglaubigte Testament vorzulegen. Neben diesen Dokumenten müssen Sie sich als Erbe mit Ihren eigenen Ausweispapieren legitimieren.

Gibt es Vollmachten für diese Konten?

Wie bereits vorstehend beschrieben, ist nach der Todesfallmeldung bei den Bankinstituten unbedingt zu klären, ob eine Kontovollmacht für die vorhandenen Konten besteht, ob diese über den Tod des Kontoinhabers hinaus gültig ist und wer der Bevollmächtigte ist. Üblicherweise gelten die Bankvollmachten über den Tod hinaus und der Bevollmächtigte kann auch nach der Todesfallmeldung weiter ohne Kontrolle verfügen.

Vor seinem Tod hatte der Kontoinhaber diese Kontrollfunktion inne und diese Funktion geht nicht automatisch an die Erben oder die Erbengemeinschaft über. Der Bevollmächtige kann gegenüber seinen Miterben Auskunft erteilen, muss aber nicht.

Neben der Art der Vollmacht ist auch die bevollmächtigte Person entscheidet und wie vertrauensvoll Sie diese Person einschätzen. Wenn der Bevollmächtigte einer der Erben ist, so kann es okay sein, bei einer fremden Person sollten die Erben sehr aufmerksam werden.

Wie bereits erwähnt, hat vor dem Tod der Erblasser und Kontoinhaber den Bevollmächtigten bei seinen Verfügungen überwacht, aber nach seinem Tod gibt es diese Prüfinstanz nicht mehr. Neben der Verfügungsgewalt beinhaltet die Kontovollmacht aber auch die Informationsgewalt. Das bedeutet, dass der Bevollmächtigte alle kontorelevanten Informationen bekommt; dazu zählen auch die Kontoauszüge und schriftliche Auskunftsanfragen der Nachlassempfänger.

Den Erben stehen diese Informationen nicht zu solange eine Kontovollmacht besteht und die Bankinstitute werden den Erben diese Informationen und Kontoauszüge auch nicht zugänglich machen, auch wenn sich die Erben gegenüber dem Bankinstitut legitimieren. Die Bankinstitute berufen sich in diesem Zusammenhang auf das Bankgeheimnis und ihre geltenden AGBs (Allgemeine Geschäftsbedingungen) und die bestehende Kontovollmacht.

Die einzige Möglichkeit diese Barriere zu durchbrechen ist der sofortige Widerruf der Kontovollmacht. Für den Widerruf der Vollmacht bedarf es nur eines Erben und nicht aller Erben. Mit dem Widerruf erlischt die Kontovollmacht und die Erbengemeinschaft erhält die gemeinsame Verfügungsgewalt über die bestehenden Konten. Ein Widerruf der Kontovollmacht muss bei jedem einzelnen Bankinstitut für die dort bestehenden Konten vorgenommen werden.

Mit dem Widerruf der Kontovollmacht wird nicht nur die unberechtigte und unkontrollierbare Verfügungsgewalt des Bevollmächtigten gebrochen, sondern Sie als Erbengemeinschaft schützen sich vor einer gerichtlichen Auseinandersetzung mit dem Bevollmächtigten.

Wenn der Kontobevollmächtigte seine Verfügungsgewalt über das Konto des Erblassers missbraucht und dieses plündert, dann werden Sie, liebe Erben, das aufgrund der Kontovollmacht erst zu spät feststellen und die Bank wird Sie aus den obigen Gründen auch nicht informieren. Der Kontobevollmächtigte muss und wird die Erben ganz sicher nicht informieren, wenn er seine Kontovollmacht missbraucht. Es bleibt Ihnen als Erbe in einem solchen Fall nur die Anzeige bei den Behörden wegen Untreue und die anschließende Klage vor Gericht. Solche Verfahren sind meist teuer und können sehr lange dauern. Auch ist die Beschaffung von eindeutigen Beweisen für Ihre Klage in einer solchen Situation sehr schwierig.

Ein Vollmachtswiderruf ist daher immer sinnvoll und in einer Erbengemeinschaft sollte jeder beteiligte Erbe dieses Vorgehen begrüßen, weil es die Chancen für eine schnelle und problemlose Nachlassabwicklung erhöht. Jeder Erbe hat die Möglichkeit sich über die Kontobestände des Erblassers zu informieren und zu kontrollieren, wie hoch sein Nachlassanteil ist.

Welche Rechnungen sind im Zusammenhang mit dem Tod und der Bestattung des Erblassers bisher aufgelaufen und bezahlt?

Diese Rechnungen kommen üblicherweise an die Wohnadresse des Erblassers und können daher leicht gesammelt und bezahlt werden.

Bei den Rechnungen ist immer zu prüfen, ob die Rechnungen zulässig sind. Alle Rechnungen, die im Zusammenhang mit der Beisetzung entstanden sind, gehören zu den Nachlassverbindlichkeiten und diese Verbindlichkeiten sind zu begleichen, bevor die Verteilung des Nachlassvermögens durchgeführt wird.

Bei allen anderen Rechnungen ist stets zu prüfen, ob diese Rechnung noch zulässig ist oder ob die Rechnung aufgrund des Ablebens des Erblassers storniert oder verweigert werden kann. Gegebenenfalls müssen in einem solchen Fall auch gekaufte Waren zurückgesandt werden, weil der Warenbesteller/Erblasser bereits verstorben ist. Ein solcher Fall liegt zum Beispiel vor, wenn Waren für die Pflege des Erblassers bestellt wurden und die Lieferung aufgrund der Bürokratie bei Krankenkassen und Produktlieferanten erst nach dem Tod des Erblassers ankommen. Diese Waren sind nicht mehr notwendig und können daher ungeöffnet zurückgegeben werden.

Welche Rechnungen sind noch zu erwarten in nächster Zukunft?

Neben den Rechnungen für die Bestattung und die Beisetzung gibt es noch Rechnungen, die erst zu einem späteren Zeitpunkt entstehen werden. Zu diesen Rechnungen gehören zum Beispiel Kosten für den Grabstein und dessen Beschriftung sowie die Gestaltung der Grabstelle im ersten Jahre nach der Beisetzung.

Wenn der Erblasser neben dem erstverstorbenen Erblasser des Berliner Testaments beigesetzt wird, so besteht bereits eine gestaltete Grabstelle und ein Grabstein. Dieser Grabstein muss um die Daten des verstorbenen Erblassers ergänzt werden. Die Grabstelle muss nachdem sich der Erdboden auf der Grabstelle gesetzt hat entsprechend den Friedhofsvorschriften angepasst werden.

Die Aufträge für die endgültige Grabstellengestaltung werden gewöhnlich im ersten Jahr nach dem Tod erteilt und sind gemeinsam und einvernehmlich von allen Erben zu beauftragen. Die entstehenden Kosten für diesen Auftrag sind Nachlassverbindlichkeiten und alle Erben haften für diese Kosten gesamtschuldnerisch.

Wenn die Nachlassauseinandersetzung noch nicht abgeschlossen ist und die Bankkonten des Erblassers noch bestehen, können diese Kosten direkt von einem dieser Konten bezahlt werden. Im Falle, dass der Nachlass bereits aufgeteilt ist und die Bankkonten des Erblassers geschlossen sind, ist es sinnvoll, dass ein Erbe diese Kosten zunächst verauslagt und seine Miterben um die Erstattung gemäß dem Erbrecht oder dem bestehenden Testament bittet.

Bei einer harmonischen Erbauseinandersetzung wird diese Kostenerstattung kein Problem sein, während im anderen Fall dies zu einer gerichtlichen Auseinandersetzung führen kann. Um diesen letzten Fall zu vermeiden, ist es anzustreben, dass die Erben bei der Erbauseinandersetzung eine schriftliche Vereinbarung treffen, wie diese Kosten bezahlt werden.

Wer übernimmt welche Aufgabe im Rahmen der Nachlassverwaltung und Erbauseinandersetzung?

Eine Erbengemeinschaft ist ein Team von mehreren Erben und sie müssen – ob sie wollen oder nicht – zusammenarbeiten und die anfallenden Aufgaben der Nachlassverwaltung und der Erbauseinandersetzung gemeinsam und einvernehmlich erledigen.

Eine Erbauseinandersetzung ist gesetzlich im geltenden Erbrecht geregelt und muss vollständig erfolgen. Mit der vollständigen Erbauseinandersetzung wird das gesamte Nachlassvermögen aufgeteilt und die Erbengemeinschaft löst sich nach dem Abschluss der Nachlassverteilung auf.

Die Nachlassverwaltung ist zeitaufwendig und kann zu starken Spannungen führen. Sie muss von den Erben gemeinsam durchgeführt werden, weil das Nachlassvermögen allen Erben zur gemeinsamen Hand gehört und jeder Erbe hat die gleiche Verantwortung und Kosten für das Nachlassvermögen zu tragen, solange es nicht aufgeteilt ist. Es ist daher unabdingbar, dass die Mitglieder der Erbengemeinschaft sich zusammensetzen und abstimmen, welche Aufgaben bestehen und wer welche dieser Aufgaben übernimmt. Jeder mit einer Aufgabe betraute Erbe hat beim nächsten Meeting den Vollzug oder den Status der ihm zugeteilten Aufgabe mitzuteilen und gemeinsam werden die Folgeschritte nachverfolgt.

Kosten, die aufgrund der übernommenen Aufgaben entstehen, sind aus dem Nachlassvermögen zu bezahlen. Es versteht sich von selbst, dass Aufgaben, die Kosten verursachen, von allen Erben gemeinsam beschlossen und beauftragt werden. Ausgenommen von dieser Regel sind Aufgaben, die gesetzlich vorgeschrieben sind wie zum Beispiel die Information des Nachlassgerichts und die daraus resultierenden Kosten.

Wenn eine Beauftragung nicht von allen Erben gemeinsam veranlasst wird, dann kann es anschließend zu Diskussionen bezüglich der Kosten und deren Höhe kommen. Um eine solche spätere Diskussion zu vermeiden, ist die Protokollierung der Abstimmungstermin unbedingt zu empfehlen und diese Protokolle sollten von allen Erben vor Beauftragung gebilligt werden.

Ein Beispiel für eine solche Nachlassaktivität ist die Beauftragung eines vereidigten Sachverständigen für die Verkehrswertermittlung der Nachlassimmobilie.

Ein solches Verkehrswertgutachten ist nicht billig und es ist daher darauf zu achten, dass der beauftragte Schätzer ein erfahrener Sachverständiger ist. Sie bekommen nur eine verlässliche Leistung für einen angemessenen Preis. Zu diesem Thema folgen noch einige Details in einem der Folgekapitel.

In welchen Abständen sollen diese Abstimmungen stattfinden?

Nach einem erfolgreichen Abstimmungsmeeting für die Verwaltung und die Abwicklung des Nachlasses ist der nächste Termin für ein Folgemeeting festzulegen. Bei der Terminabstimmung sollten Ferien und Urlaubsreisen sowie Berufsbelange in die Planung mit einbezogen werden, ganz besonders dann, wenn bei den notwendigen Aufgaben Fristen vorgegeben sind. Die bestehenden gesetzlichen Fristen geben die Terminhäufigkeit vor und sie müssen oberste Priorität vor allen übrigen Aktivitäten haben.

Diese Meetings sind fortzuführen und zu dokumentieren, bis der Nachlass vollständig auseinandergesetzt und ausgezahlt ist oder bis die Erbengemeinschaft so stark zerstritten ist, dass die Lösung nicht mehr von den Mitgliedern der Erbengemeinschaft allein zu erreichen ist, weil es keine gemeinsame Vertrauensbasis mehr gibt.

In einer solchen Situation wird eine anwaltliche Beratung und gegebenenfalls eine gerichtliche Erbauseinandersetzung nicht mehr zu vermeiden sein.

Gerichtliche Erbauseinandersetzungen sind nicht nur teuer und zeitintensiv, sondern werden meist nicht das gewünschte Ergebnis bringen. In einem solchen Verfahren gibt es keine Gewinner, sondern nur Verlierer und sie sollten daher weitestgehend vermieden werden.

Wie erfolgt die Kommunikation der Erben untereinander?

Wie bereits vorstehend beschrieben, ist es dringend zu empfehlen, die Aufgaben und Abstimmungsergebnisse schriftlich festzuhalten, damit später nicht Gedächtnislücken und Vergessen um sich greifen und die Nachlassabwicklung erschwert und unnötig verzögert wird.

Diese schriftliche Dokumentation ist besonders wichtig, wenn eine Erbengemeinschaft aus zwei und mehr Erben besteht, denn die Auffassung über das was gesagt wurde und was tatsächlich gemeint war, sind nicht immer das Gleiche. Außerdem sind schriftliche Dokumentationen gegebenenfalls bei einem unvermeidbaren Gerichtsverfahren ein gutes Beweismittel, um zu belegen, was besprochen und beschlossen wurde. Gespräche, mündliche Vereinbarungen und Telefonate haben keine Beweiskraft und werden meist nicht akzeptiert vor Gericht.

Selbstverständlich können Vorbesprechungen und Telefonate von zwei Erben erfolgen und Details einer Aufgabe vorbesprochen werden, aber um solche Abstimmungsergebnisse durchzusetzen müssen auch die übrigen Erben der Erbengemeinschaft gehört werden. Die Umsetzung eines Beschlusses bedarf eines einvernehmlichen Beschlusses und in Ausnahmefällen zumindest der Mehrheit der Erben der Erbengemeinschaft.

Bei kooperierenden Erben ist eine schriftliche Dokumentation kein Problem, weil alle Erben von diesem Verfahren profitieren. Nur wenn die Erbengemeinschaft spannungsgeladen ist, werden einzelne Erben sich gegen dieses Vorgehen wehren.

Sollten sich bereits Spannungen abzeichnen und eine schriftliche Dokumentation nicht zu erreichen sein, dann sollten Sie, lieber Erbe, für sich selbst ein Protokoll über die Erbauseinandersetzung führen und alle für Sie persönlich wichtigen Details der Auseinandersetzung per Email an Ihre Miterben weiterreichen. Das ist etwas aufwendig für Sie, aber es kann Ihnen bei der gerichtlichen Erbauseinandersetzung helfen.

Inwieweit die vorstehenden Erklärungen für Ihre Erbauseinandersetzung zutreffen, hängt von dem Verhältnis der Erben zueinander innerhalb der Erbengemeinschaft ab. Ist jeder Erbe bereit die beste Lösung für alle zu finden oder nur für sich selbst? Ist jeder Erbe bereit kooperativ an der Gesamtlösung zu arbeiten oder interessiert ihn nur sein eigener Geldbeutel? Nimmt er es mit den objektiven Fakten nicht so genau oder manipuliert er diese zu seinem Vorteil?

Nach der Klärung der vorstehenden Fragen ist die Basis gelegt, auf der die Nachlassauseinandersetzung erfolgen wird.

Start der Erbauseinandersetzung

In unserem Beispielfall wird von folgendem ausgegangen:

Die Mitglieder der Erbengemeinschaft – die leiblichen Kinder des Erblassers – treffen sich zu ihrem ersten Meeting. Bis zu diesem Zeitpunkt sind noch keine Spannungen zwischen den Erben ersichtlich und alles deutet auf eine kooperative Erbauseinandersetzung hin. Aber schon bei der Frage nach dem Testament treten erste Spannungen auf.

Den Erben ist bekannt, dass es ein Berliner Testament gibt und das dieses nach dem Tod des ersten Erblassers nachlassgerichtlich eröffnet wurde. Der überlebende Erblasser hatte das Testament seinerzeit angenommen und wurde zum Alleinerben des Gesamtnachlasses. Die Nacherben wurden mit der Übersendung einer Kopie des damaligen Erbscheins über den Inhalt des Berliner Testaments informiert und haben diesem Testament nicht widersprochen. Es gab keine Nachlassverteilung an die Nacherben.

Nachdem der vormalige Alleinerbe des Berliner Testaments verstorben ist und die Beisetzung erfolgte, muss jetzt die Erbauseinandersetzung gestartet werden. Wie bereits erwähnt, müssen die Erben innerhalb einer Frist von sechs Wochen entscheiden, ob sie das Erbe annehmen oder die Erbschaft ausschlagen. Erfolgt keine Erbausschlagung innerhalb der vorstehenden Frist gilt das Erbe als angenommen.

Kurzfristig nach der Beisetzung trafen sich die Erben zu ihrer ersten Besprechung. Es wurde diskutiert, ob das Nachlassgericht in diesem Fall über den Tod des Erblassers zu informieren ist oder nicht. Es war auch zwei Erben bekannt, dass der verstorbene Erblasser mit dem bestehenden Berliner Testament nicht mehr einverstanden war. Aufgrund der vorliegenden Testamentsinformationen waren zwei der Erben der Auffassung, dass der Kontakt zum Nachlassgericht nicht notwendig sei, weil die Erbschaft klar geregelt sei und die Erbschaftslage sich nicht ändern würde. Der dritte Erbe teilte diese Auffassung nicht, denn er hatte bereits das Amtsgericht kontaktiert und wusste, dass dort ein Dokument hinterlegt war und dies eröffnet werden musste. Er teilte dies seinen Miterben mit, die über diese neue Information nicht erfreut waren, weil dieses Kosten verursachte.

Der dritte Erbe wies daraufhin, dass ein Nachlassverzeichnis aufzustellen sei, in dem alle Nachlassgegenstände mit ihrem Wert aufzulisten sind. Außerdem teilte der dritte Erbe mit, dass die Bankinstitute des Erblassers umgehend von dem Tod des Erblassers zu informieren seien und sämtliche Zahlungseingänge und -ausgänge aufzulisten sind, damit Verträge gekündigt werden können und keine weiteren Belastungen auf den Nachlasskonten erfolgen. Auch diese Anregung wurde von den beiden Miterben, die die Vollmachten für die Bankkonten des Erblassers hatten, nicht begrüßt und Auskunft über die Kontostände wurde nur widerwillig erteilt.

Für jeden Erben, der sich in einer solchen oder ähnlichen Situation befindet, heißt es jetzt aufpassen, wenn er nicht sein ihm zustehendes Erbteil erheblich vermindern oder im schlimmsten Fall verlieren will. Offensichtlich bildet sich eine Front aus zwei Erben gegen ihn und er wird für seine Interessen und sein Erbanteil kämpfen müssen.

Eine solche Situation kann besonders leicht entstehen, wenn die Erben der Erbengemeinschaft aus einer Patchwork-

Familie kommen. Die Spannungen müssen auch nicht erst in dem ersten Erbenmeeting auftreten, sondern können bereits vorher, manchmal sogar zu Lebzeiten des Erblassers, erkennbar gewesen sein. Es ist daher für den ausgegrenzten Erben dringend zu empfehlen, sich so früh wie möglich mit einem kompetenten Fachanwalt zu beraten, um seine Erbenrechte zu kennen. Eine Beratungsstunde ist meist zu Beginn ausreichend und kostet ca. 250 Euro (2017).

Mit einer solchen Beratung sind Sie, lieber Erbe, gut vorbereitet und können Ihre Rechte vertreten. Bei der Kooperation Ihrer Miterben können Sie mit Ihrem Wissen sogar, die Nachlassauseinandersetzung positiv beeinflussen und beschleunigen, wenn Ihre Miterben mitmachen. Andererseits kennen Sie Ihre Rechte und können diese gegenüber Ihren Miterben entsprechend einfordern und vertreten, wenn diese nicht kooperieren.

Aufgrund der sich abzeichnenden Spannungen in der Erbengemeinschaft wurde der dritte Erbe tätig, um seine Interessen zu schützen. Er hat einen Anwalt um Rat gefragt und das zuständige Nachlassgericht kontaktiert.

Gemäß den Aussagen des Nachlassgerichts muss das beim Amtsgericht hinterlegte Berliner Testament beim Tod des letztversterbenden Erblassers/vormaliger Alleinerbe erneut eröffnet werden. Es muss außerdem ein neuer Erbschein über das gesamte Nachlassvermögen erstellt werden. Ein Erbschein kann aber erst beantragt werden, wenn das eröffnete Testament vorliegt und ein Nachlassverzeichnis über den Gesamtnachlass eingereicht wird.

Der dritte Erbe informierte seine Miterben über die vom Nachlassgericht mitgeteilte Vorgehensweise. Die Miterben waren mit dieser Vorgehensweise nicht einverstanden, weil dies Kosten verursachen und den Nachlasses belasten würde.

Auch bei der Aufstellung des Nachlassverzeichnisses kam es zu Spannungen, als die bestehenden Bankkonten mit den Kontobeständen in das Verzeichnis aufgenommen werden sollten. Die beiden Erben, die die Vollmacht bei den unterschiedlichen Bankinstituten für unterschiedliche Konten innehatten, versuchten die Auskunft über die Kontostände zu verweigern. Die beiden Erben versuchten so, dass Nachlassverzeichnis möglich kurz und wertmäßig niedrig zu halten.

In unserem Beispielfall lag beim Nachlassgericht ein Berliner Testament des Erblassers als Verwahrstück. Es war bereits einmal beim Tod des erstverstorbenen Erblassers eröffnet worden. Beim Tod des vormaligen Alleinerben/Erblassers musste das Testament erneut eröffnet werden, allerdings werden in diesem Eröffnungsprotokoll die leiblichen Kinder als Erben benannt mit den ihnen zustehenden Anteilen am Erbe. Wenn die Erbteile der drei Erben nicht jeweils auf ein Drittel lautet (das würde der gesetzlichen Erbteilung entsprechen), wird es immer einen benachteiligten Erben mit einem geringeren Anteil am Nachlass geben.

Bei der Testamentseröffnung musste der beantragende Erbe sich ausweisen und die ihm bekannten Miterben mit Wohnanschrift angeben. Das hinterlegte Testament wurde erneut amtlich eröffnet und beglaubigt. Jeder Erbe erhielt einen Brief mit dem Eröffnungsprotokoll und er hatte 14 Tage Zeit vom Eingang des Schreibens das Testament anzunehmen oder es auszuschlagen. Sollte keine Äußerung von den Erben erfolgen, gilt das Testament als angenommen spätestens sechs Wochen nach Eröffnung.

Der beantragende Erbe erhielt die Gerichtskostennote zur Bezahlung. Diese Kosten sind aus dem Nachlassvermögen zu bezahlen.

Das vom Amtsgericht übersandte Eröffnungsprotokoll ist die Legitimation der Erben für alle nachfolgenden Aktivitäten, die im Zusammenhang mit der Nachlassverwaltung und Erbauseinandersetzung anfallen. Ganz besonders Bankinstitute sind auf dieses Dokument angewiesen, um sicherzustellen, dass nur die autorisierten Erben über die Nachlasskonten auf Basis des bestehenden Testaments verfügen können und dürfen. Dieses Dokument widerruft aber nicht bestehende Kontovollmachten bei den Bankinstituten.

Ohne ein solches Dokument, ist es für den einzelnen Erben schwer bis unmöglich seinen Erbanspruch zu beweisen. Auf der anderen Seite erschwert es dem einzelnen Erben Erbmanipulationen durchzuführen, weil in diesem Dokument immer alle Erben genannt werden. Es ist daher darauf zu achten, dass alle Erben eine Kopie des Eröffnungsprotokolls in ihrem Besitz haben.

Wie bereits erwähnt, widerruft dieses Dokument nicht bestehende Kontovollmachten bei den Bankinstituten. Um seine Interessen auch bei den Bankkonten zu schützen, hat der dritte Erbe anschließend die ihm bekannten Banken von dem Tod des Erblassers informiert und den Banken mitgeteilt, dass bestehende Bankvollmachten für die Konten des Erblassers von ihm, dem dritten Erben, mit sofortiger Wirkung widerrufen werden. Mit dieser Mitteilung, die vorab telefonisch erfolgte und schriftlich nachgereicht wurde, erlischt die bestehende Kontovollmacht. Der bevollmächtigte Erbe kann nun weder Verfügungen über die Kontoguthaben vornehmen noch wird ihm der Onlinezugang zu dem Konto gewährt. Alle Erben können ab diesem Widerruf nur noch gemeinsam über die Kontoguthaben verfügen und Bankinformationen müssen jedem Erben mitgeteilt werden.

Nach Widerruf der Kontovollmacht muss sich jeder einzelne Erbe gegenüber dem Bankinstitut legitimieren. Als Legitimation gilt einerseits das eröffnete beglaubigte Testament des Erblassers sowie die persönlichen Ausweispapiere des Erben.

Jede Verfügung über den Kontobestand bedarf ab dem Vollmachtswiderruf der Unterschrift aller Erben. Das ist zwar etwas umständlich, schützt aber vor unberechtigten und unkontrollierbaren Verfügungen eines Erben, die erst zu spät bemerkt werden. Der verfügende Erbe kann die Auskunft über seine durchgeführte Kontoaktivität verweigern und Sie als Miterbe haben keine Möglichkeit, die Auskunft zu erzwingen.

Der Verlust der Kontovollmacht gefiel den beiden Erben in unserem Beispielfall nicht und sie zeigten ihren Unwillen gegenüber dem dritten Erben deutlich. Das Vorgehen Widerruf der Kontovollmacht ist die einzige Option des dritten Erben seine Interessen zu schützen und zu verhindern, dass Erbmanipulationen vorgenommen werden, die er nicht kontrollieren kann. Er hat sich daher von dem Unwillen seiner Miterben auch nicht beeindrucken lassen.

Der nächste Punkt, der die Spannung zwischen den Erben in einer disharmonischen Erbschaftsauseinandersetzung weiter anwachsen lässt, ist das Nachlassverzeichnis. Wie bereits beschrieben muss dieses Verzeichnis für die Beantragung des Erbscheins erstellt und beim Nachlassgericht eingereicht werden. Dieses Verzeichnis ist außerdem wichtig für das Finanzamt, das aufgrund dieses Verzeichnisses feststellen wird, ob Erbschaftssteuer zu zahlen ist oder nicht.

Um sicherzustellen, dass Sie Ihren Erbanteil in der korrekten Höhe bekommen und den Erbschein möglichst kurzfristig bekommen, ist es wichtig, dass Sie konsequent an der

Erstellung des Nachlassverzeichnisses mitarbeiten und jede Information, die Ihnen von Ihren Miterben gegeben wird prüfen. Sobald Sie einen guten Überblick über den Wert des Gesamtnachlasses haben, können Sie zum Nachlassgericht gehen und den Erbschein beantragen.

Das zuständige Nachlassgericht akzeptierte die Beantragung eines Erbscheins auch ohne ein vollständiges und von allen Erben unterzeichneten Nachlassverzeichnisses. Der beantragende Erbe musste versichern, dass die genannten Nachlasswerte nach seinem besten Wissen korrekt sind. Aufgrund des genannten Betrages des Nachlassvermögens wird dem beantragenden Erben ein Erbschein ausgestellt gegen die Zahlung eines Gebührenvorschusses.

Das vollständige Nachlassverzeichnis ist nach Fertigstellung nachzureichen und anschließend wird der erteilte Gebührenbeschluss auf den korrekten Kostenbetrag angepasst. Das bedeutet, dass das Gericht entweder die Differenz zu dem gezahlten Gebührenbetrag nachfordert oder einen überzahlten Betrag zurückerstattet.

Das Original des Erbscheins wird dem beantragenden Erben zugesandt und die übrigen Erben erhalten keinen Erbschein. Im Erbschein wird die Nachlassaufteilung auf Basis des Testaments dokumentiert. Der Erbschein ist unbedingt erforderlich, wenn zu dem Nachlassvermögen eine Immobilie gehört, denn die Umschreibung der Nachlassimmobilie kann nur gegen Vorlage des gültigen Erbscheins erfolgen.

Um bei der Erbauseinandersetzung sein Recht zu schützen, ist es zu empfehlen, dass der dritte Erbe den Erbschein beantragt und die Kosten notfalls verauslagt. Bei diesen Kosten handelt es sich um Nachlasskosten, die aus dem

Nachlassvermögen zu bezahlen sind und der bezahlende Erbe hat ein Anrecht auf Erstattung dieser verauslagten Kosten.

Mit dem Original des Erbscheins kann der Erbe die Umschreibung der Nachlassimmobilie im Grundbuch auf die Erbengemeinschaft veranlassen, wobei im Grundbuch nur die Erben genannt werden, aber nicht die Eigentumsbruchteile. Sowohl mit dem Erbschein als auch mit der Umschreibung verbessert der dritte Erbe seine Position gegenüber den übrigen Erben, weil diese keine Aktivitäten ohne sein Wissen durchführen können und das kann die Erbauseinandersetzung positiv beeinflussen.

Die Kosten für den Erbschein zählen zu den Nachlasskosten und sind aus dem Nachlassvermögen zu bezahlen wie bereits beschrieben. Die Umschreibung des Grundbuchs ist kostenfrei, lediglich für den Auszug nach der Umschreibung fällt eine geringe Gebühr von 10 Euro an. (2017). Einen solchen Grundbuchauszug benötigen Sie für die Verkehrswertermittlung der Nachlassimmobilie.

Kommen wir nochmals zurück auf das Nachlassverzeichnis, das für die Erbauseinandersetzung zu erstellen ist und häufig zu einem Spannungsfeld wird. Die im Nachlassverzeichnis niedergelegten Vermögensgegenstände mit den dazugehörenden Bewertungen sind die Basis für die Nachlassaufteilung unter den Erben.

Wie bereits erwähnt, gehören in dieses Verzeichnis alle Gegenstände aus dem Eigentum des verstorbenen Erblassers, unabhängig davon ob diese einen Wert repräsentieren oder nicht. In der Erbteilung wird dann entschieden, welcher Erbe den Gegenstand bekommt und welche monetäre Summe er seinen Miterben als Ausgleich zu zahlen hat. Das kann für übernehmenden Erben eine teure Angelegenheit werden.

Um sich bei diesem Prozess eine Erleichterung zu verschaffen, versuchte jeder Erbe, der zahlen musste, den Vermögensgegenstand, den er übernehmen wollte, möglich gering zu bewerten. Häufig werden in diesem Zusammenhang auch Emotionen mit ins Spiel gebracht in der Form, dass behauptet wird, der Erblasser habe gewollt, dass der eine oder andere Nachlassgegenstand an einen bestimmten Erben gehen sollte usw. Solche Behauptungen haben keinen Bestand, wenn sie nicht im Testament niedergeschrieben sind. Mündliche Wünsche sind nicht bindend und das gilt ganz besonders, wenn diese Wünsche nur gegenüber einem Erben und nicht im Beisein aller Erben geäußert wurden und/oder schriftlich dokumentiert sind.

In unserem Beispiel wird behauptet, der Erblasser hätte gewollt, dass einer der Erben die Nachlassimmobilie bekommen sollte und ein anderer Erbe behauptete, dass das Depot für ihn bestimmt sei. Für den dritten Erben bestehe daher kein Anspruch auf diese Nachlassgegenstände, sondern nur ein Anspruch auf die Auszahlung eines Geldwertes, über dessen Höhe die beiden Erben keine Angabe machen wollten.

Der Erbe, der Anspruch auf das Depot erhob, hatte auch die Kontovollmacht und versuchte die Höhe des Depots zu verschleiern, um so den Auszahlungsbetrag gering zu halten. Der dritte Erbe hatte aufgrund der bestehenden Kontovollmacht keine Möglichkeit von der Bank Auskunft über die Höhe des Depotbestands zu bekommen.

Der an der Nachlassimmobilie interessierte Erbe möchte selbstverständlich den Immobilienwert so gering wie möglich ansetzen, um seine Auszahlungsverpflichtung gegenüber den übrigen Erben zu reduzieren und der zweite Erbe (Depot) unterstützte den ersten Erben (Immobilie) in diese Absicht. Beide versuchten eine Schätzung der Immobilie und damit die Bestimmung des aktuellen Verkehrswerts möglichst zu verhindern oder niedrig zu halten. Auch emotionale Erpressung wird in unserem Beispielfall nicht ausgelassen.

Der dritte Erbe, der in unserem Beispielfall der benachteiligte Erbe ist, musste spätestens jetzt aufmerksam werden und sein Recht auf das Erbe verteidigen, um eine Reduzierung seines Anteils zu verhindern.

Dem dritten Erbe sollte spätestens jetzt klar sein, dass die Erbschaftsauseinandersetzung nicht harmonisch verlaufen wird. Es machte wenig Sinn, auf das Familienzusammengehörigkeitsgefühl zu bauen, denn das gab es nicht mehr. Es galt jetzt zwei Erben gegen einen.

Wenn der dritte Erbe die Kontovollmachten noch nicht widerrufen hat, dann sollte er es jetzt tun, um zu verhindern, dass der für das Depot bevollmächtigte Erbe Kontoverfügungen durchführt und so die Kontobestände manipuliert. Solche Verfügungen könnten zu einer Reduktion der Erbmasse führen und weder die Bank noch der bevollmächtigte Erbe sind zu einer Auskunft gegenüber dem dritten Erben verpflichtet solange die Kontovollmacht besteht. Um möglichst lange die Verfügungsgewalt über das Konto des Erblassers zu behalten, wird der Kontobevollmächtigte die Todesfallmeldung auch möglichst lange hinauszögern.

Solange die Kontovollmacht des Erblassers bei dem Bankinstitut noch aktiv ist, wird die Bank ohne weitere Nachfragen alle Verfügungen des Bevollmächtigten bis hin zur Kontoauflösung durchführen. Die Bankinstitute dürfen gemäß ihren AGBs den Bevollmächtigten verfügen lassen und befreiend an ihn auszahlen, auch wenn sie Kenntnis von einer Erbschaft und einem Testament haben.

Wenn sich anschließend herausstellt, dass der bevollmächtigte Erbe nicht berechtigt war über das Konto oder die Konten zu verfügen, dann müssen die Erben ihren Miterben vor dem Zivilgericht verklagen, um das veruntreute Geld zurück zu bekommen. Die Bank ist bei einem solchen Verfahren außen vor und muss keinen Regress leisten.

Aus diesem Grund muss Ihre erste Handlung zur Sicherung Ihres Anspruchs sein, die Bank über den Tod des Erblassers zu informieren und die bestehenden Kontovollmachten zu widerrufen. Diese Information kann auch ohne Vorlage der amtsgerichtlichen Dokumente erfolgen. Die amtlichen Dokumente sind kurzfristig nachzureichen, sobald diese vorliegen.

Auch beim Thema Nachlassimmobilie ist für den dritten Erben eine konsequente Handhabung angebracht, um seine Interessen zu wahren. Für die Verkehrswertermittlung sollte nur ein vereidigter Sachverständige aus dem lokalen Bereich akzeptiert werden.

Die vereidigten Sachverständigen gehören einer Berufsorganisation an und sind an Standesregeln gebunden. Außerdem haben sie die notwendigen Informationsquellen und Erfahrungen für eine solche Verkehrswertermittlung. Die Kosten für ein Wertermittlungsgutachten sind abhängig von dem Immobilienwert. Bei einem Immobilienwert von 200.000 Euro betragen die Kosten ca. 2.000 Euro (2017). Da es sich um Nachlasskosten handelt, sind diese aus dem Nachlassvermögen zu bezahlen.

Auch bei diesem Punkt sollte sich der dritte Erbe auf keinen Fall von Emotionen und Erinnerungen aus der

Vergangenheit und Kindertagen beeindrucken lassen, sonst wird er verlieren und eine Reduktion seines Erbteils riskieren.

Es ist für den dritten Erben auch unbedingt zu empfehlen, alle diese Punkte, Fragen und Beschlüsse zu dokumentieren, entweder als Protokoll der Erbengemeinschaftsbesprechung oder als private Notiz, die dann den übrigen Miterben als Email zur Verfügung stellt. Damit wird verhindert, dass einer der Erben plötzlich unter Gedächtnisverlust leidet. Selbstverständlich können die Miterben zu den dokumentierten Punkten Stellung nehmen und ihre Meinung äußern. Dieses Vorgehen erhöht die Transparenz der Erbauseinandersetzung und zeigt die Abwicklungsschritte im Prozess.

Wenn die Nachlassgegenstände Immobilie und Konten des Erblassers in das Nachlassverzeichnis aufgenommen sind, dann ist meist schon 75 Prozent des Nachlassvermögens erfasst. Bei den übrigen Gegenständen ist das Spannungspotential meist wesentlich geringer, weil der monetäre Wert geringer ist.

Bei den weiteren Nachlassgegenständen in unserem Beispielfall – Schmuck, Lebensversicherung, Pkw, Hausrat, Investmentfondanteile, Goldbarren – gibt es weniger Spannungen. Die Gegenstände werden in das Verzeichnis eingefügt mit dem festgestellten Wert.

Der Erblasser hatte nur wenige, wertvolle Schmuckstücke und diese werden ohne viel Diskussion zwischen den Erben aufgeteilt.

Bei der Lebensversicherung muss der Bestandswert, der in das Verzeichnis eingeht, abgefragt werden. Bei dieser Anfrage werden auch die amtsgerichtlichen

Legitimationspapiere der Erben übersandt. Die Verteilung der Versicherungssumme und die Auszahlungsmodalität erfolgen auf Basis der geltenden Versicherungsbedingungen für diese Versicherung und die Erben haben keinen Einfluss darauf. Der dritte Erbe hat hier keine Benachteiligung zu erwarten, weil das Testament nicht relevant ist.

Bei den Investmentfondanteilen einigten sich alle Erben in unserem Beispiel auf den Verkauf und die Gutschrift des Verkaufserlöses auf dem Girokonto des Erblassers. Bei Auflösung dieses Kontos werden die Verkaufserlöse mit verteilt. Da der dritte Erbe bereits die Kontovollmacht des bevollmächtigen Erben widerrufen hatte, ist er in diesem Fall abgesichert und muss keine weiteren Maßnahmen ergreifen.

Im Nachlass befindet sich ein kleiner Goldbarren, den einer der Erben übernehmen will. Dieser Goldbarren geht mit dem Goldpreis vom Todestag in das Nachlassverzeichnis ein und der übernehmende Erbe zahlt seine Miterben entsprechend den testamentarischen Erbanteilen aus. Bei diesem Punkt hat der dritte Erbe nur darauf zu achten, dass der korrekte Goldtagespreis (entweder Börsennotierung oder Degussa) in das Verzeichnis aufgenommen wird.

Zu den Nachlassgegenständen gehört der Pkw des Erblassers, der zwar alt ist, aber fahrtüchtig. Einer der Erben hat Interesse an dem Pkw, ist aber nicht bereit den Marktwert für dieses Auto anzusetzen. Der Erbe versucht den Wert des Autos zu reduzieren, in dem er den Miterben mitteilt, der Pkw hätte einen größeren Schaden, der repariert werden müsse. Er, der Erbe, sei bereit, den Wagen zu übernehmen ohne dafür einen Ausgleich zu zahlen. Einen Beweis für seine Behauptung (Schaden) bleibt der Erbe schuldig und aus diesem Grund ist der dritte Erbe nicht bereit, das Fahrzeug mit einem Wert gleich Null in das

Nachlassverzeichnis aufzunehmen. Selbst im unreparierten Zustand hatte das Fahrzeug mindestens einen Schrottwert von 1.200 Euro.

Ein weiterer Punkt in dem Nachlassverzeichnis ist der Hausrat. Die Bewertung des Hausrats ist etwas schwieriger, weil die meisten Teile aufgrund des lebenslangen Gebrauchs nicht mehr viel wert sind. Gegenstände wie zum Beispiel kaum gebrauchte Fitnessgeräte lassen sich aber gut verkaufen und können daher nicht mit dem Wert Null angesetzt werden. Mit Kooperation aller Erben sollte es möglich sein, einen validen Wert für den Hausrat in das Verzeichnis einzufügen.

In den Bereich der Nachlassgegenstände gehören auch gewährte Darlehen an einen oder mehrere Erben. Diese Darlehen sind mit ihrem aktuellen Saldo als Nachlassgegenstand zu erfassen. Diese Forderungen müssen auf Wunsch eines Mitglieds der Erbengemeinschaft von dem Darlehensschuldner (Miterbe) entweder zurückgezahlt werden oder es erfolgt eine Anrechnung auf den Erbteil dieses Erben. In unserem Beispiel behaupten alle Erben, sie hätten kein Darlehen vom Erblasser bekommen.

Nachdem alle Nachlassgegenstände zusammengetragen sind, ist noch festzustellen, welche Darlehensverbindlichkeiten anderer Personen und welche offenen Rechnungen gegenüber dem Erblasser bestehen. Diese Verbindlichkeiten müssen als erstes vom Nachlassvermögen abgezogen und bezahlt werden, bevor die Verteilung an die Erben durchgeführt werden kann.

In unserem Beispiel bestehen keine Darlehensverbindlichkeiten und die auf die Nachlassimmobilie seinerzeit eingetragenen Grundschulden sind aus dem

Grundbuch bereits gelöscht. Die einzigen offenen Verbindlichkeiten sind Rechnungen, die vor dem Tod und im Zusammenhang mit dem Tod und der Beisetzung des Erblassers entstanden sind.

In der Erbengemeinschaftsbesprechung ist das nachfolgend dargestellte Nachlassverzeichnis erstellt worden. Damit ist ein weiterer Schritt in Erbauseinandersetzung erledigt, aber der schwierigere Teil, die Verteilung des Nachlasses, steht noch bevor.

Dieses Nachlassverzeichnis kann als Grundlage für die Gebührenberechnung des Erbscheins und zur Feststellung der Erbschaftssteuer genutzt werden. Die Anfrage beim zuständige Finanzamt wird in diesem Fall ergeben, dass keine Erbschaftssteuer anfallen wird, weil die jeweiligen Erbanteile der Erben unter der Freigrenze von 400.000 Euro liegen.

Diese steuerliche Freigrenze von 400.000 Euro gilt nur fuer Erben ersten Grades. Bei Erben zweiten und dritten Grades gelten geringere Freigrenzen. Details zu diesem Thema finden Sie auch in dem Kapitel *Erbschaftssteuer – ein leidiges Thema*.

Nachlassverzeichnis Erblasser (Muster)

Nachlassgegenstand	Wert in Euro
Immobilie	200.000
Depot	200.000
Schmuck (Material nicht verteilter Schmuckstücke)	50
Lebensversicherung	10.000
Verkaufte Investmentfonds, Girokonto, Bargeld	30.000
Goldbarren	1.800
PKW	1.000
Hausrat	3.000
Zwischensumme	445.850
Abzüglich Verbindlichkeiten (Rechnungen Bestattung u. ä.)	-10.000
Nachlassvermögen	435.850

Nachdem das Nachlassverzeichnis fertiggestellt ist, beginnt die Verteilung des Nachlasses und jetzt kommt es zu weiteren Spannungen und Diskussionen. Vereinbarungen, die in der Erbenbesprechung getroffen wurden, werden ohne Begründung oder Erklärung nicht eingehalten. Auszahlungen von Nachlassgegenständen werden von zwei Erben blockiert. Der dritte Erbe, der selbstständig und berufsbedingt international tätig ist, kann die Abwicklung nur voranbringen, wenn er auf alle Forderungen der beiden

Erben eingehen würde. Dieses Zugeständnis würde für ihn einen erheblichen finanziellen Schaden bedeuten zusätzlich zu einer bereits bestehenden testamentarischen Benachteiligung.

Die vom dritten Erben gemachten Vorschläge zur Auszahlung und Verteilung der monetären Werte, die unter anderem die finanziell angespannte Lage des Erben, der die Immobilie übernehmen wollte, gemildert hätte, werden abgelehnt. Weitere Verhandlungen führen zu keinem Ziel.

Die von den zwei Erben angebotene Vorschläge an den dritten Erben, waren für diesen inakzeptabel. Der dritte Erbe war aufgrund des Berliner Testament von Beginn an schlechter gestellt und hätte bei Zustimmung eine weitere Reduktion seines Erbanteils hingenommen. Diese Reduktion wäre ein weiterer Zugewinn der beiden übrigen Erben gewesen.

Auch ändern die beiden Erben ständig ihre Bedingungen für die Verteilung und wenn ein Erbe bereit ist eine Entscheidung zu treffen, torpediert der zweite diese Entscheidung wieder und umgekehrt. Diese Pingpong Situation ist nicht zielführend und der dritte Erbe sucht die Unterstützung eines Anwalts, der seine Erbinteressen vertreten soll, während er nicht vor Ort ist.

Zwischenzeitlich lag die Verkehrswertermittlung der Nachlassimmobilie vor und der ermittelte Verkehrswert war für den übernehmenden Erben nur schwer finanziell aufzubringen. Um den Verkehrswert einer Nachlassimmobilie zu reduzieren, besteht die Möglichkeit einer Teilungsversteigerung. Ein weiteres Ziel einer solchen Teilungsversteigerung ist die Auflösung der Erbengemeinschaft und die grundbuchliche Eigentumsübernahme der Immobilie von einem Erben. Details und Vorgehensweise zu diesem Prozess finden Sie im Kapitel *Teilungsversteigerung*.

Wie sich nach einigen Wochen herausstellte, war die Weigerung und Verzögerung der Auszahlung der monetären Nachlasswerte der erste Schritt der nun folgenden gerichtlichen Auseinandersetzung zur Auflösung der Erbengemeinschaft.

Während der gerichtlichen Auseinandersetzung waren auch die monetären Vermögenswerte eingefroren, weil die beiden verbündeten Erben nicht von ihren Forderungen, die zum Nachteil des dritten Erbes waren, abweichen wollten. Die Auszahlung der monetären Werte kann nur mit einer einvernehmlichen Entscheidung erfolgen, so will es das BGB-Erbrecht.

Eine einvernehmliche Entscheidung bezüglich der monetären Werte konnte zu diesem Zeitpunkt nicht gerichtlich eingeklagt werden, weil der Gesamtnachlass noch nicht teilungsfähig war. Solange die Nachlassimmobilie nicht verkauft und der Verkaufserlös auf einem Konto der Erbengemeinschaft deponiert wirr, besteht keine gesetzliche Teilungsreife des Nachlasses laut Anwaltsangaben.

Wenn Sie als benachteiligter Erbe die Reduktion Ihres Erbteils nicht hinnehmen wollen, dann müssen Sie sich auf die Teilungsversteigerung zur Auflösung der Erbgemeinschaft vorbereiten. Wie Sie dies am sinnvollsten tun und welche Auswirkungen eine Teilungsversteigerung hat, wird im anschließenden Kapitel beschrieben.

Teilungsversteigerung

Bei einer Teilungsversteigerung handelt es sich um eine Sonderform der regulären Zwangsversteigerung einer Immobilie. Eine reguläre Zwangsversteigerung in Verbindung mit einem Darlehen wird von einem Darlehensgläubiger – meist ein Bankinstitut - beantragt, wenn der Darlehensnehmer nicht mehr zahlen kann oder im Rückstand mit seinen Darlehensraten ist.

Das Zwangsversteigerungsverfahren wird von dem Darlehensgläubiger eingeleitet, wenn die Darlehensforderung als uneinbringlich gilt. Die Bank will zumindest einen Teil ihrer Darlehensforderung durch den Zwangsversteigerungsverkauf der finanzierten Immobilie erlösen. Bei einem solchen Verfahren wird aber fast nie der gesamte fällige Darlehensbetrag erlöst, sondern weniger und der Darlehensgeber wird den Fehlbetrag zwischen Darlehensschuld und Verkaufserlös abschreiben müssen.

Bei einer Teilungsversteigerung kommt das gleiche Verfahren zur Anwendung mit dem Unterschied, dass einer der Erben die Zwangsversteigerung beim Amtsgericht beantragen muss. Das Ziel des beantragenden Erben einer solchen Teilungsversteigerung ist die Nachlassimmobilie aus dem Eigentum der Erbengemeinschaft in das alleinige Eigentum zu bekommen.

In unserem Beispielfall beantragte der Erbe, der die Nachlassimmobilie übernehmen will das Verfahren. Die Kosten für dieses Verfahren muss dieser Erbe tragen, weil es sich nicht um Nachlasskosten handelt, die aus dem Nachlassvermögen bezahlt werden.

Die Zwangsversteigerung einer Immobilie hat immer einen negativen Effekt auf den Verkehrswert und viele Immobilieninvestoren hoffen auf ein Schnäppchen bei einer solchen Versteigerung. Diese Schnäppchen werden sie aber nur bekommen, wenn der Versteigernde kein Eigeninteresse hat. Bei einer Teilungsversteigerung, die von einem Erben beantragt wird, ist das Eigeninteresse aber sehr groß. Das Eigeninteresse des Erben ist es, die Immobilie sehr günstig zu bekommen. Der Erbe wird dieses Ziel erreichen, wenn er es schafft, dass außer ihm kein weiterer Bieter bei dem Versteigerungstermin anwesend ist, der auf die Immobilie bietet.

Um die Brisanz dieser Teilungsversteigerung zu verstehen, betrachten wir jeden einzelnen Schritt des Prozesses und zeigen auf, welche Auswirkungen es haben kann, wenn Sie als benachteiligter Erbe nicht Ihre Interessen wahren.

Sobald der Antrag für die Teilungsversteigerung der Nachlassimmobilie beim zuständigen Amtsgericht eingereicht wird und die Gerichtkosten für diesen Vorgang bezahlt sind, werden die übrigen Erben über die Teilungsversteigerung informiert.

Um den Verkehrswert des Objekts für die Versteigerung zu ermitteln, wird vom Gericht ein Gutachten beauftragt. Es sei denn, es liegt bereits ein Verkehrswertgutachten vor. In unserem Beispielfall liegt bereits ein Verkehrswertgutachten vor, das kurz nach dem Tod des Erblassers erstellt wurde. Dieses Gutachten wird von allen Erben akzeptiert, so dass kein weiteres Gutachten notwendig ist.

Neben dem Verkehrswertgutachten muss auch eine Kopie des Erbscheins vorgelegt werden. Wenn Sie der Erbe mit dem Erbschein sind, dann müssen Sie eine Kopie dieses Dokuments dem Gericht bereitstellen.

Nachdem alle Gebühren bezahlt und alle Dokumente für die Teilungsversteigerung vorliegen sowie die Erben informiert sind, ordnete das Gericht den Zwangsversteigerungstermin an. Dieser Termin findet 4-6 Monate nach der Beantragung statt und während dieser Zeit, haben Sie als Erbe Zeit, Ihre Vorbereitung für diesen Termin zu treffen.

Eine Überlegung ist, wollen Sie mitbieten oder nicht und wollen Sie der Zwangsversteigerung beitreten oder nicht. Beide Fragen haben Auswirkungen auf Ihren Erbanteil und diese werden hier erklärt. Bei den folgenden Details handelt es sich nicht um eine Rechtsberatung, sondern nur um eine Beschreibung des Verfahrens. Eine Rechtsberatung erhalten Sie nur von einem kompetenten Fachanwalt.

Als erstes betrachten wir den Beitritt in eine Teilungsversteigerung. Dieses Verfahren wird von einem Erben beantragt und dieser Erbe kann entscheiden, wie das Verfahren ablaufen soll. Der Erbe kann zum Beispiel das Verfahren stoppen oder er kann in der Versteigerungsverhandlung seine Zustimmung zu dem Höchstgebot verweigern und dadurch das Verfahren verlängern. Das kann nicht in Ihrem Interesse sein, wenn Sie nicht der beantragende Erbe sind, weil das Verfahren und auch die restliche Nachlassauseinandersetzung dadurch verschleppt wird und nur zusätzliche Kosten entstehen.

Um hier ein Mitbestimmungsrecht zu haben, sollten Sie dem Teilungsversteigerungsverfahren beitreten. Dieser Beitritt sollte möglichst zeitnah erfolgen, muss aber spätestens sechs Wochen vor dem Versteigerungstermin erfolgt sein, denn die übrigen Beteiligten des Verfahrens müssen fristgerecht über Ihren Beitritt informiert werden.

Jetzt müssen Sie sich entscheiden, ob Sie mitbieten wollen. Wenn die Antwort ja ist, dann sollten Sie sich um die finanziellen Mittel für die Bezahlung der Immobilie kümmern. Wenn Sie nicht mitbieten, riskieren Sie, dass Ihr Erbteil sich erheblich reduzieren wird. Für Ihren Miterben, der die Immobilie ersteigern will, ist das ein Vorteil und hier ist die Erklärung warum.

Der Verkehrswert der Nachlassimmobilie ist laut Gutachten 200.000 Euro und die Versteigerung bei Gericht startet mit einem Mindestgebot von 7/10 dieses Wertes, also 140.000 Euro. Wenn niemand bietet, dann wird dieser Versteigerungstermin als fruchtlos betrachtet und nach 30 Minuten beendet. Anschließend wird ein zweiter Versteigerungstermin mit einem 5/10 Wert, also 100.000 Euro angesetzt und sollte auch dann niemand bieten, kann der beantragende Erbe die Immobilie für die angefallenen Gerichtskosten bekommen. Das bedeutet, dass der Wert einer Immobilie von 200.000 Euro bei einem solchen Verfahren ins Bodenlose fallen kann und Ihr Erbteil, lieber Erbe, wird wertlos. Wollen Sie das?

Sie sollten sich daher sehr genau überlegen, wie Sie hier handeln wollen und alles daransetzen, im Bedarfsfall eine eigene Finanzierung für die Nachlassimmobilie zu bekommen, auch wenn Sie die Immobilie nicht behalten wollen. Um Ihren Erbanteil nicht dem Wertverfall preiszugeben, sollten Sie die Immobilie ersteigern und anschließend entweder verkaufen oder vermieten oder selbst einziehen. Auch wenn Sie die Immobilie anschließend nur zum Selbstkostenpreis verkaufen, so haben Sie jedoch Ihren Erbanteil wertmäßig gesichert.

Wir gehen bei unserem Beispiel davon aus, dass der benachteiligte dritte Erbe bei der Versteigerung der Nachlassimmobilie mitbieten wird. In diesem Fall muss der Erbe mindestens fünf Tage (bitte beachten Sie Feiertage und

Wochenenden) vor dem Versteigerungstermin 10 % des Verkehrswertes auf dem Amtsgerichtskonto als Bietergarantie hinterlegen. Am Versteigerungstermin werden die vorliegenden Bietergarantien mit den anwesenden Bietern (legitimiert durch Ausweispapiere) abgeglichen.

Während der Versteigerungsverhandlung erklärt der anwesende Rechtspfleger das Verfahren und anschließend haben die Bieter 30 Minuten Zeit Gebote abzugeben. Gestartet wird mit dem Betrag des 7/10 Limits unter Berücksichtigung eventuell bestehender Darlehen, die von dem Ersteigerer abzuzahlen sind. In unserem Beispielfall sind keine offenen Darlehensforderungen vorhanden.

Wenn Sie mitbieten, sollten Sie sich überlegen, bis zu welchem Limit Sie mitbieten wollen. Je höher Sie mitbieten, desto höher wird auch Ihr Anteil an dem Versteigerungserlös sein bei der späteren Auszahlung. Das heißt aber nicht, dass Sie bis zum vollen Verkehrswert bieten müssen.

Das Höchstgebot erhält am Ende der Verhandlung den Zuschlag und der beantragende Erbe muss diesem Gebot zustimmen. Wenn der Erbe mit dem erzielten Gebot nicht einverstanden ist, kann er das Gebot ablehnen und es kommt zu einem zweiten Versteigerungstermin. Sollten Sie dem Versteigerungsverfahren rechtzeitig beigetreten sein, dann werden auch Sie um Zustimmung zum Höchstgebot gebeten und Sie können die Ablehnung Ihres Miterben beeinflussen. Sie verhindern so einen zweiten Versteigerungstermin und eine unnötige Verlängerung des Verfahrens.

Wir gehen in unserm Beispiel davon aus, dass nur ein Versteigerungstermin stattfindet und das folgende Rechenbeispiel demonstriert das Versteigungsergebnis für Sie, den benachteiligten Erben:

Immobilien-Verkehrswert 200.000 Euro	Versteigerungswert 7/10 140.000 Euro	Versteigerungswert 5/10 100.000 Euro
Benachteiligte Erbe erhält 1/4 Anteil vom Nachlass	35.000 Euro	25.000 Euro
Erbe 1 erhält 3/8 Anteil vom Nachlass	52.500 Euro	37.500 Euro
Erbe 2 erhält 3/8 Anteil vom Nachlass	52.500 Euro	37.500 Euro

Wie Sie an diesem Rechenbeispiel sehen, reduzieren Sie Ihren Erbanteil erheblich, wenn Sie nicht mitbieten in der Teilungsversteigerung.

Ohne Versteigerung wäre Ihr Erbteil 50.000 Euro gewesen, bei dem ersten Versteigerungstermin kann Ihr Anteil auf 35.000 Euro und beim zweiten auf 25.000 Euro oder weniger sinken. Haben Sie so viel Geld zu verschenken?

Wenn Sie zu diesem Thema Fragen haben, können Sie uns gern eine E-Mail senden an die Adresse am Ende dieses Buches.

In unserem Beispiel gehen wir davon aus, dass Sie mitgeboten, aber die Immobilie nicht ersteigerten haben. Sie haben die Immobilie Ihrem Miterben überlassen, allerdings nicht zu dem vom Miterben gewünschten Spottpreis, sondern zu einem Preis knapp unterhalb des aktuellen Verkehrswerts. Da Sie nicht der erfolgreiche Bieter sind, erhalten Sie Ihre Bietersicherheit in Höhe von 10 Prozent innerhalb von einer Woche vom Amtsgericht zurück.

Nach der Versteigerung wird in einem nicht öffentlichen Abstimmungstermin festgelegt, wie der Ersteigerungserlös zwischen den Erben aufzuteilen ist. Der durchführende Rechtspfleger fertigt ein Protokoll und lässt alle Erben unterschreiben. Außerdem errechnet der Rechtspfleger welchen Betrag der Erbe/neue Eigentümer der Nachlassimmobilie an das Amtsgericht zu zahlen hat.

Der Erbe, der den Zuschlag erhalten hat, muss jetzt innerhalb von sechs Wochen den gesamten Versteigerungspreis zuzüglich der obligatorischen Zinsen und Kosten an das Gericht zahlen. Nach sechs Wochen findet der Verteilungstermin statt, in dem der gezahlte Versteigerungserlös abzüglich der Zinsen und Kosten an die Erben ausgezahlt wird.

Neben den bereits erwähnten Zinsen fällt für den erfolgreichen Bieter/Erben noch eine Gerichtsgebühr für den Zuschlag und die Kosten für die Grundbuchberichtigung sowie die Grunderwerbssteuer in Höhe von 5-6 Prozent für den Erwerb der Immobilie an.

Damit ist die Teilungsversteigerung für die Auflösung einer Erbengemeinschaft abgeschlossen und die Abwicklung des übrigen Nachlasses kann fortgesetzt werden.

Nachdem wir den Ablauf einer Teilungsversteigerung untersuchten und die damit verbundenen Risiken für einen finanziell benachteiligten Erben, wird verständlich, warum zwei der Erben nicht an einer friedlichen Lösung interessiert waren und die Auszahlung der monetären Teile des Nachlasses verweigerten.

Wie unser Beispielfall zeigt, können zwei kooperierende Erben ganz einfach verhindern, dass die bestehenden Geldwerte ausgezahlt werden. Mit der Verweigerung der Auszahlung erschwerten diese beiden Erben es für den dritten Erben zusätzlich, bei der Teilungsversteigerung mitzubieten.

Durch die Blockierung der Kontoguthaben des Nachlasses eliminierten die kooperierenden Erben den dritten mitbietenden Erben. Ein offensichtliches Ziel bei zwei kooperierenden Erben ist bei der Versteigerung den Versteigerungspreis unter 50 Prozent des Immobilienwertes zu senken und so die Nachlassimmobilie günstig zu kaufen. Es ist schließlich ein erheblicher Unterschied, ob ein Erbe von 200.000 Euro Verkehrswert 125.000 Euro (ohne Versteigerung) oder 75.000 Euro (mit Versteigerung) auszahlen muss nach Abzug seines Eigenanteils an der Nachlassimmobilie.

Das beschriebene Vorgehen wird immer dann Erfolg haben, wenn der dritte Erbe diese Intension nicht erkennt oder nicht in der Lage ist, finanzielle Mittel für das Mitbieten in der Teilungsversteigerung zu beschaffen. Daher aufgepasst, damit Sie nicht einen Verlust bei der Erbauseinandersetzung hinnehmen müssen.

Verhandlungen über den übrigen Nachlass

Nachdem die Nachlassimmobilie mittels Teilungsversteigerung in das Eigentum eines Erben übergegangen ist, muss jetzt der Rest des Nachlasses verteilt werden.

Vor der Teilungsversteigerung war keine Vereinbarung über die monetären Werte des Nachlasses zu erzielen und die Auszahlung konnte aufgrund der sogenannten fehlenden Teilungsreife des Nachlasses durch die Mehrheit der Erben erfolgreich blockiert werden.

Diese Blockierung ist nicht weiter möglich, weil nach der Teilungsversteigerung die Teilungsreife des Nachlasses gegeben ist und jeder Erbe hat einen gesetzlichen Anspruch auf die vollständige Auflösung des Nachlasses. Der einzige Unterschied zum Beginn der Erbauseinandersetzung ist, dass jetzt lediglich die Details für die Verteilung abzustimmen sind. Ob die Erben der Erbengemeinschaft dies in Eigenregie schaffen oder nur mit Unterstützung eines Anwalts hängt wie bereits erklärt von der Kooperation der einzelnen Personen ab.

Aufgrund der bisher gemachten Erfahrungen und den verletzten Gefühlen ist in unserem Beispiel die Auflösung des Nachlasses ohne anwaltliche Unterstützung nicht möglich. Außerdem gab es einige erbrechtliche und rechtliche Feinheiten, die die Erben nicht wissen konnten bzw. falsch interpretierten.

Aufgrund der Teilungsversteigerung hatte sich die Erbauseinandersetzung bereits fast ein Jahr hingezogen und zur besseren Nachverfolgung des bestehenden Status der Nachlassauseinandersetzung hier ein angepasstes Nachlassverzeichnis.

Nachlassverzeichnis Erblasser (Muster)

Nachlassgegenstand	Wert in Euro	Status
Immobilie	200.000	Erl. Versteigerung
Depot	200.000	
Schmuck (Material nicht verteilter Schmuckstücke)	50	Erl.
Lebensversicherung	10.000	Erl. Ausgezahlt
Verkaufte Investmentfonds, Giro-, Sparkonten, Bargeld	30.000	
Goldbarren	1.800	
PKW	1.000	
Hausrat	3.000	
Zwischensumme	445.850	
Abzüglich Verbindlichkeiten (Rechnungen Bestattung u. ä.)	-10.000	Teilweise erl., Grabstellendesign offen
Nachlassvermögen	435.850	

Seitdem das Berliner Testament des Erblassers eröffnet und die Erbauseinandersetzung gestartet wurde, sind einige Punkte erledigt worden, während andere Nachlassgegenstände noch weiter diskutiert werden müssen.

Die obige Tabelle zeigt, dass ein großer Teil des Nachlasses, die Nachlassimmobilie aufgrund der Teilungsversteigerung und der Auszahlung der jeweiligen Erbanteile am Versteigerungserlös erledigt ist.

Die Lebensversicherung konnte kurzfristig ausgezahlt werden, weil die Lebensversicherungsgesellschaft die Versicherungssumme gemäß ihren Geschäftsbedingungen auszahlt und nicht auf Basis eines bestehenden Testaments. Die einzelnen Erben haben keinen Einfluss auf die Auszahlung oder die Aufteilung und können diese auch nicht verzögern oder verhindern.

Beim Schmuck kam es sehr schnell zu einer Einigung, weil es nur wenige Stücke gab und der Erinnerungswert den materiellen Wert überstieg.

Die Erbengemeinschaft hatte sich bereits vor der Teilungsversteigerung der Nachlassimmobilie einvernehmlich geeinigt, dass die vorhandenen Investmentfondanteile zu verkaufen und der Verkaufserlös auf das Girokonto des Erblassers gut zu schreiben sei. Allerdings war keine Einigung über die sofortige Auszahlung der Verkaufserlöse erzielt worden.

Das Girokonto ist während der gesamten Erbauseinandersetzungsperiode bestehen geblieben, weil noch nicht alle Rechnungen im Zusammenhang mit der Beisetzung und der Grabstelle bezahlt waren. Eine offene Rechnung betraf die Umgestaltung der Grabstelle.

In einer Erbenbesprechung vereinbarten die Erben schriftlich, dass die Kosten für diesen Auftrag zwischen 700 und 1.000 Euro betragen und dass die Beauftragung die Genehmigung aller Erben erfordern würde.

Zwei der Erben beauftragten die Neugestaltung der Grabstelle eigenmächtig zu einem doppelt so hohen Preis wie vereinbart, ohne vorher Rücksprache mit dem dritten Erben zu nehmen. Der dritte Erbe machte von seinem Recht gebraucht, seinen Anteil an diesen Kosten auf Basis der schriftlichen Vereinbarung zu kalkulieren und zu bezahlen. Die beiden kooperierenden Miterben mussten den Rest der Kosten selbst übernehmen aufgrund der fehlenden Kosten- und Beauftragungsgenehmigung des dritten Erben.

Wie bereits vorstehend beschrieben, muss die Verwaltung des Nachlasses und alle damit verbundenen Aktivitäten während der Auseinandersetzung gemeinsam und einvernehmlich erfolgen und Aufträge können nur mit einer Mehrheitsgenehmigung erfolgen.

Im Zusammenhang mit der Neugestaltung der Grabstelle wurde weder das Design noch die damit verbundenen Kosten der Neugestaltung diskutiert noch erfolgte eine Beschlussfassung über die Beauftragung der Maßnahme zu den erhöhten Kosten. Der nicht befragte Erbe kann daher die Zahlung der Mehrkosten verweigern.

Auch über den Goldbarren war seinerzeit Einigung erzielt worden. Einer der Erben wollte diesen übernehmen und die übrigen Erben gemäß den testamentarischen Bestimmungen auszahlen. Diese Auszahlung wurde trotz der bestehenden Vereinbarung von dem übernehmenden Erben verweigert.

Beim Punkt Hausrat konnten sich die Erben nicht auf einen Betrag einigen. Ein Teil der Erben meinte, die Nachlassgegenstände seien nichts wert, während einige Teile des Nachlasses wie zum Beispiel Fitnessmaschinen sehr wohl einen erheblichen Wert darstellten. Wenn die Mitglieder der Erbengemeinschaft sich auf keine einvernehmliche Lösung einigen können, dann bleibt nur die Möglichkeit des Verkaufs dieser Nachlassgegenstände und die Verteilung des Erlöses auf Basis der testamentarischen Vorgaben. In unserem Beispiel ist der Wert mit 3.000 Euro festgesetzt.

Bei dem Pkw konnte ebenfalls keine Einigung erzielt werden, weil einer der Erben diesen übernehmen, aber nichts dafür bezahlen wollte. Das Auto war zwar alt, aber fahrtüchtig und hatte laut Internetrecherche für vergleichbare Pkws einen Wert von mehr als 1.200 Euro. Der übernehmende Erbe hätte diesen Betrag an die Erbengemeinschaft bezahlen müssen und die beiden Erben hätte im Gegenzug ihre Anteile an dem Pkw an den übernehmenden Erben übertragen. Dieser Vorgang ist aufgrund der disharmonischen Erbauseinandersetzung nicht erfolgt.

Hier ein wichtiger Hinweis:

Bitte stellen Sie sicher, dass der Kfz-Brief, der als Legitimation des Eigentümers gilt, sicher verwahrt ist. Wenn dieser Kfz-Brief in die falschen Hände gerät, dann kann der Besitzer dieses Kfz-Briefes den Pkw bei der zuständigen Kfz-Stelle des Landkreises auf seinen Namen ummelden, ohne dass Sie als Erbe davon Kenntnis haben. Die Kfz-Stelle prüft nicht nach, ob die ummeldende Person auch der rechtmäßige Eigentümer des Pkws ist.

Bei so einem Vorfall handelt es sich um Diebstahl, der allerdings nur auf Antrag verfolgt wird und die damit verbundenen Aktivitäten sind aufwendig. Sie sollten daher abwägen, ob der Wert des Pkws diesen Aufwand lohnt.

Auch wenn Sie sich entscheiden nicht tätig zu werden, es handelt sich rechtlich gesehen um ein Diebstahlsdelikt und dieses wiegt umso schwerer, wenn sich herausstellen, dass ein Familienmitglied an diesem Delikt beteiligt ist.

Der letzte und schwierigste Punkt bei der Erbauseinandersetzung war die Aufteilung des Depots. Wie bereits erwähnt, war einer der Erben an der Übernahme von Teilen des Depots interessiert und um seine Aufteilungsmethode durchzusetzen, blockierten die kooperierenden Erben die Aufteilung des übrigen Nachlassvermögens. Die zusammenarbeitenden Erben verweigerten die Zustimmung zur Auszahlung und Verteilung aller übrigen Nachlassvermögensgegenstände, weil der dritte Erbe sich nicht dem Aufteilungsverlangen des depotinteressierten Erben beugen wollte.

Alle Vorschläge, die der depotübernehmende Erbe bezüglich der Verteilung machte, waren einseitig zu seinen Gunsten ausgelegt. Die übrigen Erben hätten nicht nur die Kosten für den Verkauf der Wertpapiere, sondern auch Wertveränderungen hinnehmen müssen, während die angestrebte Verteilungsmethode für den depotübernehmenden Erben kostenfrei gewesen wäre. Aufgrund seiner ohnehin benachteiligten Position war der dritte Erbe nicht einverstanden und wie bereits erwähnt, müssen alle Kontoverfügungen der Erben bei den Banken einstimmig und einvernehmlich sein.

Der Vorschlag des depotinteressierten Erben war, dass er seinen Anteil am Depot in Aktien erhält, während die übrigen Erben ihre Anteile verkaufen. Der Vorteil für diesen Erben war, dass die Übertragung von Aktien von einem Depot in ein anderes kostenfrei ist (2017). Die übrigen Erben konnten bzw. wollten die Aktien nicht übernehmen und hätten für den Verkauf einerseits Kosten gehabt und andererseits wäre der Verkaufserlös sehr ungewiss gewesen, weil der Wert der Aktien im Sekundentakt aufgrund des Marktgeschehens und der politisch-ökonomischen Lage schwankt. Die Marktveränderungen können je nach Größe des Depots und der darin enthaltenen Aktien einige Tausend Euro ausmachen.

Um diese Ungerechtigkeit bei der Verteilung und die Manipulation dieses Nachlassgegenstandes zu verhindern, war der benachteiligte Erbe nur mit dem Verkauf des gesamten Depots einverstanden, um eine gerechte Aufteilung des Depotwert für alle Mitglieder der Erbengemeinschaft zu erreichen.

Der Verkauf und Verteilung der Depotwerte ist auch nach dem Erbrecht die vorgesehene Vorgehensweise und hier ist die Begründung warum:

Das Depot oder das Depotkonto ist wie ein Topf, in dem verschiedenen Aktienpakete – 100 Siemens, 300 Deutsche Bank, 500 VW usw. – verwaltet werden. Wenn ein solches Depot zu einem Nachlassgegenstand wird, dann bekommt der jeweilige Erbe/Eigentümer von jeder einzelnen Aktie, die im Depot verwahrt wird, nur einen Bruchteil in Höhe seines testamentarischen Anteils.

Das heißt, dass den Erben A und B zum Beispiel jeweils 40 % gehören und dem Erben C gehört der Rest von 20 %. Keiner der Erben kann über seinen Anteil an der Aktie allein verfügen und nur alle Erben gemeinsam können die Aktie verkaufen und anschließend den Geldwert verteilen. Hier gibt es kein Mehrheitsprinzip in der Entscheidung.

Alle anderen Aufteilungsmechanismen wie zum Beispiel die Aufteilung nach Aktienpaketen oder Teilen von Aktienpaketen wird immer Nachteile beinhalten für den einen oder anderen Erben, einmal davon abgesehen, dass der empfangende Erbe sich mit den Risiken der Aktien vielleicht nicht auskennt und diese unterschätzt.

Die Empfehlung ist daher:

Verkauf der Aktien, Auflösung des Depots und Verteilung des Geldeswertes. Für weitere Fragen senden Sie bitte eine E-Mail an die Adresse am Ende des Buches.

Bezogen auf den Beispielfall stellt sich die Situation jetzt wie folgt dar:

Die vollständige Erbauseinandersetzung wurde verhindert, weil einer der Erben seine Zustimmung zum Verkauf der Depotwerte verweigerte. Der zweite Erbe verweigerte seine Zustimmung zur Aufteilung und Auszahlung der übrigen Konten, Goldbarrenwert, Hausrat und Pkw und blockierte so die Abwicklung. Für den dritten Erben blieb jetzt keine andere Option als seine Interessen mit einem kompetenten Anwalt und falls erforderlich mit einer Erbauseinandersetzungsklage vor Gericht durchzusetzen, weil die beiden kooperierenden Erben zu keinem Kompromiss bereit waren.

Ein kleiner Hinweis zu der Zusammenarbeit mit einem Anwalt bei allen rechtlichen Angelegenheiten.

Sie als Klient des Anwalts können sich nicht zurücklegen und dem Anwalt frei Hand lassen, sondern Sie, lieber Erbe, müssen mit dem Anwalt intensiv zusammenarbeiten. Alle Briefe und Schriftsätze, die der Anwalt verfasst, sollten Sie sich vor dem Versand oder Einreichung bei den zuständigen Gerichten zur Kontrolle vorlegen lassen. Erst wenn Sie den Inhalt des Dokuments verstanden und keine Frage mehr haben, dann sollte der Schriftsatz versandt oder bei Gericht eingereicht werden.

Viele Anwälte diktieren die Schriftsätze während Ihre Anwesenheit. Sie hören zu und glauben alles verstanden zu haben, aber leider haben Sie ein kleines Wort falsch interpretiert und damit können Sie leicht einen Verlust von mehreren tausend Euro in ihrem Rechtsstreit verursachen. Einen solchen Fehler können Sie im Lauf des Verfahrens meist nicht mehr korrigieren. Daher - Vertrauen zu Ihrem Anwalt ist gut, Kontrolle und Genehmigung seiner Schriftsätze vor dem Versand ist besser, damit Ihre Interessen bestmöglich gewahrt werden.

Nun zurück zu unserem Beispiel:

Der vom dritten Erben beauftragte Anwalt (Kosten trägt der dritte Erbe) erstellt ein entsprechendes Dokument – Nachlassverzeichnis und Erbteilungsplan – das alle Nachlassgegenstände enthält, die zum Nachlass gehören. Jeder einzelne Nachlassgegenstand wird gemäß den Testamentsbestimmungen aufgeteilt.

Nachlassgegenstände, die bereits erledigt sind, werden als erledigt dargestellt, bei unstrittigen Punkten steht der jeweilige Anteil eines jeden Erben und bei strittigen Punkten werden Lösungsoptionen dargestellt, wie dieser Gegenstand zu verteilen ist oder hilfsweise erfolgt die öffentliche Versteigerung und die Verteilung des Verkaufserlöses.

Es ist wichtig, dass alle Gegenstände des Nachlasses enthalten sind, weil dieses Verzeichnis von allen Erben zu unterschreiben ist. Das Dokument sollte außerdem eine Klausel enthalten, dass alle Nachlassforderungen der Erben untereinander mit der Unterschrift erledigt sind, der Nachlass verteilt ist und die Erbengemeinschaft sich auflöst.

Fehlt auch nur ein Gegenstand in der Auflistung oder das Dokument wird nicht unterschrieben, dann hat jeder Erbe

30 Jahre Zeit, seine Forderungen gegen die übrigen Erben geltend zu machen.

Dies ist besonders wichtig, wenn beispielsweise ein Erbe ein Darlehen vom Erblasser bekommen hat und er verschweigt dieses Darlehen, weil es keine schriftliche Dokumentation darüber gibt. Mit seinem Schweigen will dieser Erbe die Rückzahlung vermeiden. Wird ein solches Darlehen im nach hinein entdeckt, dann könnte dies zu einer zivilrechtlichen Klage eines Erben gegen den Erben mit dem Darlehen führen. Der Erbe hat mit dem Verschweigen des Darlehens den Nachlass manipuliert und sich bereichert. Für eine solche Veruntreuung gibt es Verjährungsfristen und innerhalb dieser Frist kann der Erbe zur Rechenschaft gezogen werden. Wie und welcher Form Sie in einem solchen Fall vorgehen müssen, wird Ihnen ein Anwalt erklären.

In unserem Beispielfall wurde ein solches Nachlassverzeichnis mit allen bekannten Vermögensgegenständen und Verbindlichkeiten erstellt und die Erben lösten den Nachlass nach vielen Diskussionen zu 95 Prozent auf. Es blieben nur einige strittige Punkte offen und die beiden verbündeten Erben verweigerten aufgrund der strittigen Punkte die Unterschrift, die die Nachlassabwicklung abgeschlossen hätte.

Um diese Nachlassangelegenheit nach mehr als 18 Monaten zu einem Ende zu bringen, beantragte der dritte und benachteiligte Erbe eine Klage vor dem Nachlassgericht.

Die Klage vor Gericht endete mit einem Vergleich zu den strittigen Punkten und der benachteiligte Erbe erhielt eine Ausgleichszahlung für die strittigen Nachlasspunkte.

In einem solchen Vergleichsverfahren tragen die beteiligten Parteien die eigenen Anwaltskosten und die Gerichtskosten, die zunächst vom klagenden Erben verauslagt wurden, werden unter den beteiligten Parteien aufgeteilt. Mit diesem Vergleichsurteil war der Nachlass endgültig auseinandergesetzt und es kann keine weiteren Forderungen der Erben untereinander geben.

Als Abschluss unseres Beispielfalles nachstehend einige Berechnungen, die demonstrieren, welche monetären Auswirkungen eine Erbschaftsauseinandersetzung hat. Als Basis für die Berechnungen dient unser Beispielfall.

Tabelle 1 - Nachlassverteilung gemäß Testament
ohne Teilungsversteigerung

	Ere A (2/8)	Erbe B (3/8)	Erbe C (3/8)
Haus = 200.000 Euro	50.000,00	75.000,00	75.000,00
Rest (Geldkonten, Hausrat, Auto etc.) = 235.850 Euro	58.962,50	88.443,75	88.443,75
Summe pro Erbe	108.962,50	163.443,75	163.443,75

Tabelle 2 – Nachlassverteilung gemäß Testament mit Teilungsversteigerung – Erbe bietet mit (keine Kostenberücksichtigung)

	Erbe A (2/8)	Erbe B (3/8)	Erbe C (3/8)
Haus ersteigert für 180.000 Euro	45.000.00	67.500,00	67.500,00
Rest (Geldkonten, Hausrat, Auto etc.) = 235.850 Euro	58.962,50	88.443,75	88.443,75
Summe pro Erbe	103.962,50	155.943,75	155.943,75
Erbe B benötigt 180.000 Euro für das Erbe in der Versteigerung		-180.000,00	
Finanzbedarf des Erben B für die Erbauseinandersetzung		-24.056,25	
Verlust für jeden Erben von seinem Anteil (Tabelle 1)	5%	5%	5%
Versteigerungsgewinn = Wertgutachten - Versteigerungspreis (200.000 - 180.000=20.000)		20.000 Euro = 10 % *)	

*) kein Geld auf Konto, nur Immobilienwertsteigerung

Tabelle 3 – Nachlassverteilung gemäß Testament mit Teilungsversteigerung mit 7/10 (keine Kostenberücksichtigung)

	Erbe A (2/8)	Erbe B (3/8)	Erbe C (3/8)
Haus ersteigert für 140.000 Euro (7/10)	35.000,00	52.500,00	52.500,00
Rest (Geldkonten, Hausrat, Auto etc.) = 235.850 Euro	58.962,50	88.443,75	88.443,75
Summe pro Erbe	93.962,50	140.933,75	140.933,75
Erbe B benötigt 140.000 Euro für das Erbe in der Versteigerung		-140.000,00	
Finanzbedarf des Erben B für die Erbauseinandersetzung		-933,75	
Verlust für jeden Erben von seinem Anteil (Tabelle 1)	14%	14%	14%
Versteigerungsgewinn = Wertgutachten - Versteigerungspreis (200.000 - 140.000=60.000)		60.000 Euro = 28 % *)	

*) kein Geld auf Konto, nur Immobilienwertsteigerung

Tabelle 4 – Nachlassverteilung gemäß Testament mit Teilungsversteigerung mit 5/10 (keine Kostenberücksichtigung)

	Erbe A (2/8)	Erbe B (3/8)	Erbe C (3/8)
Haus ersteigert für 100.000 Euro (5/10)	25.000,00	37.500,00	37.500,00
Rest (Geldkonten, Hausrat, Auto etc.) = 235.850 Euro	58.962,50	88.443,75	88.443,75
Summe pro Erbe	83.962,50	125.943,75	125.443,75
Erbe B benötigt 100.000 Euro für das Erbe in der Versteigerung		-100.000,00	
Mehrbetrag des Erben B für die Erbauseinandersetzung		25.943,75	
Verlust für jeden Erben von seinem Anteil (Tabelle 1)	23%	23%	23%
Versteigerungsgewinn = Wertgutachten - Versteigerungspreis (200.000 - 100.000=100.000)		100.000 Euro = 46 % *)	

*) kein Geld auf Konto, nur Immobilienwertsteigerung

Nach der Betrachtung dieser Tabellen ist klar, dass es sich für einen benachteiligten Erben lohnt, nicht nachzugeben, auch wenn das Verfahren nervenaufreibend, frustrierend, langwidrig und teuer ist. Seine Geduld und die beständige Vertretung seiner Interessen hat die Reduzierung seines Erbteils um 25.000 Euro verhindert.

Eines ist jedoch sicher: – jeder Beteiligte in diesem Verfahren wird emotionale Wunden davontragen und vielleicht auch seine Familie verlieren.

Liebe Erblasser, ist das wirklich in Ihrem Sinne?

Wollen Sie Ihren Kindern ein solches Nachlasschaos hinterlassen? Oder möchten Sie, dass Ihre Familie auch nach Ihrem Tod harmonisch bestehen bleibt?

Im nächsten Kapitel finden Sie einen kleinen Leitfaden, der Ihnen helfen wird, die Harmonie in Ihrer Familie zu erhalten.

Keiner der Erben wird zu Ihren Lebzeiten bestehende Spannungen zugeben; die kommt erst an die Oberfläche, wenn Sie, lieber Erblasser, nicht mehr da sind.

Sie, lieber Erblasser, denken, die Kinder sind doch gemeinsam aufgewachsen und haben viel zusammen erlebt – Gutes und Schlechtes, Krankheit und Gesundheit. Man hat sich geholfen und gemeinsam Geburtstage gefeiert. Das schweißt zusammen. In der Nachlasssituation zählt das nicht mehr und es heißt jetzt, der einer gegen den anderen, zwei gegen einen, nur Sie sind nicht mehr da, um regulierend einzugreifen.

Die Erben sind auf sich gestellt und müssen ihre Probleme allein lösen. Im Inneren verborgene Gefühle werden hervorbrechen und den gesamten Ablauf und das Ergebnis der Erbauseinandersetzung beeinflussen, wenn Sie, lieber Erblasser, keine Vorsorge treffen.

Der Weg in eine harmonische Erbauseinandersetzung

Der vorstehend beschriebene Beispielfall, der auf Basis von Recherchen aus unterschiedlichen Fällen zusammengestellt wurde, zeigt eindrucksvoll, was bei einer Erbauseinandersetzung geschehen kann.

Eine Familie, die nach innen und außen bisher einen harmonischen Eindruck gemacht hat, wird zum Schlachtfeld der Gefühle. Eifersucht und Neid innerhalb der Erbengemeinschaft entfacht einen erbitterten Kampf. Je grösser die unausgesprochenen Gefühle und Missstimmungen sind, desto erbitterter wird dieser Kampf geführt werden. Selbst wenn einer der Erben nicht aktiv diesen Kampf aufnimmt, sondern nur standhaft seine Position und das ihm testamentarisch zustehende Erbteil verteidigt. Der Kampf wird jeden einzelnen verletzen und jeder Erbe wird verlieren.

Mit der richtigen Vorbereitung und einer offenen Kommunikation innerhalb der Familie – den Erblassern und den Erben/Kindern – muss es nicht soweit kommen. Die Kommunikation muss rechtzeitig vor der Abfassung des Testaments und dem Eintritt des Erbfalles abgestimmt und festgelegt werden und nicht, wenn der oder die Erblasser bereits auf dem Totenbett liegen.

Zwischenmenschliche Situation – Erben zu einander

Wenn Sie als Erblasser sich mit Ihrem Nachlass auseinandersetzen und die bestmögliche Lösung für alle Erben anstreben, um Ihre Familie zu erhalten nachdem Sie gegangen sind, dann müssen Sie sich Ihre Kinder – die Erben – ansehen.

In welchem Verhältnis stehen die Erben zueinander. Sind alle Kinder leibliche oder adoptierte Kinder oder sind auch Stiefkinder aus einer früheren Ehe dabei? Handelt es sich bei diesen Stiefkindern um Halbwaisen oder Scheidungskinder? Wie behandeln die leiblichen Kinder das oder die Stiefkinder? Wurde dieses Verhalten von den Erblassern/Eltern geduldet oder unterstützten Sie ein Kind mehr als die anderen?

Je nachdem wie die Antworten auf die obigen Fragen lauten, müssen Sie als Erblasser Ihre Nachlassverteilung intensiv planen. Ihre Aufgabe als Elternteil ist es, alle Kinder gleich zu behandeln und auftretende Spannungen zwischen den Kindern anzusprechen und auszuräumen. Sie als Erblasser müssen solche Rivalitäten zwischen den Erben erkennen und klären, anderenfalls legen Sie den Grundstein für eine spätere erbitterte Erbauseinandersetzung und den Tod Ihrer Familie, wenn Sie sterben.

Ihre leiblichen Kinder werden die erlernte und von Ihnen, lieber Erblasser, geduldete Rivalität sowie das Überlegenheitsgefühl aus der Kinderzeit auf die Periode der Erbauseinandersetzung übertragen und die Maßnahmen anwenden, die schon immer gewirkt haben. Das Stiefkind kennt diese Behandlung schon aus der Kindheit und hat gelernt, sich damit zu arrangieren. Aber ein benachteiligtes Kind/Erbe hat auch gelernt, sich zu verteidigen und seine Rechte wahr zu nehmen, ganz besonders dann, wenn dieses Kind aus der Vergangenheit weiß, dass es keine Unterstützung zu erwarten hat.

Die Erfahrungen der Kindheit und daraus resultierende Gefühle der Erben zueinander werden die Nachlassauseinandersetzung entscheidend beeinflussen sowohl positiv wie negativ. Bitte vergessen Sie das nicht, wenn Sie Ihr Testament verfassen und versuchen Sie mit einer gerechten Nachlassregelung die Unterstützung von allen Erben für Ihr Testament zu bekommen.

Zwischenmenschliche Situation – Erben und Erblasser

Im vorstehenden Kapitel waren die Gefühle der Erben untereinander von Bedeutung. Aber auch die Gefühle von den Erblassern zu den Erben sind von entscheidender Bedeutung. Mindestens einer der Erblasser ist der leibliche Elternteil zu den unterschiedlichen Erben und wird dadurch zu seinen leiblichen Erben ein anderes Verhältnis haben als zu den übrigen Erben.

In der heutigen Welt wird schnell geheiratet und wieder geschieden und es gibt viele Patchwork-Familien, bei denen oft leibliche und Stiefkinder gemischt sind. Gerade in so einer Situation ist es wichtig, dass die jeweiligen Elternteile keinen emotionalen Unterschied zwischen leiblichen und Stiefkindern machen. Es darf bei dem Stiefkind nicht das Gefühl entstehen, dass es für den Stiefelternteil weniger wert ist als dessen leibliche Kinder.

Dieses Gefühl der Gleichbehandlung ist besonders wichtig, wenn es sich bei dem Stiefkind um eine Halbwaise handelt. In diesem Fall hat das Stiefkind nur noch einen leiblichen Elternteil, auf den es seine Gefühle fixieren kann. Der andere leibliche Elternteil ist tot und diese gefühlsmäßige Bindung fehlt. Es ist daher die Pflicht des leiblichen Elternteils, diesem Halbwaisenkind das Gefühl der Liebe und Gleichheit gegenüber den übrigen Kindern zu vermitteln. Das Halbwaisenkind darf auf keinen Fall emotional schlechter behandelt werden als später geborene Kinder in einer späteren Ehe des Erblassers.

Bei Scheidungskindern, bei denen der leibliche Elternteil noch lebt, bleibt die emotionale Bindung zu dem geschiedenen Elternteil meist erhalten. Dieses Scheidungsstiefkind hat die Chance seine emotionalen Defizite mit beiden geschiedenen Elternteilen ausgleichen.

Eine Zurücksetzung und Herabwürdigung eines Stiefkindes – egal ob Halbwaise oder Scheidungskind - ist auf keinen Fall akzeptabel, weil ein solches Stiefkind gegenüber den leiblichen Kindern in einer Patchworkfamilie häufig einen Benefit mitbringt – den eigenen Unterhalt.

Bei einem Scheidungskind wird der Unterhalt vom geschiedenen Elternteil gezahlt und bei der Halbwaise zahlt die Rentenkasse des verstorbenen Elternteils. In beiden Fällen erhält die Patchwork-Familie ein finanzielles Einkommen und dieses Einkommen wird in den meisten Familien nicht ausschließlich für das berechtigte Kind eingesetzt, sondern fließt in das Familieneinkommen ein und kommt allen Patchwork-Familienmitgliedern zugute.

Es ist besonders wichtig, dass die Eltern und Erblasser für eine ausgeglichene und positive Stimmung zwischen den Stief- und leiblichen Kindern sorgen, um die im vorstehenden Kapitel dargestellten Gefühle der Kinder/Erben zu vermeiden. Dies gilt auch für die Regelung des Nachlasses.

Für eine offene und ausgeglichene Atmosphäre ist es unbedingt notwendig, dass die Erblasser das offene Gespräche mit allen ihren Kindern/Erben suchen und alle Aspekte zu diesem Thema besprechen. Dies ist besonders wichtig, wenn das Stiefkind mit seinem Unterhalt nicht unerheblich zur Entstehung des Nachlassvermögens beigetragen hat. Als Beispiel sei hier die Verwendung der

Halbwaisenrente für den Bau oder die Modernisierung der Nachlassimmobilie genannt.

Wenn die Erblasser in einem solchen Fall nicht sensibel handeln, dann ist eine schmerzvolle Erbauseinandersetzung vorprogrammiert und liebe Erblasser, der Grund und die Verantwortung für diesen Erbstreit haben Sie geliefert. Ausreden wie *wir haben es nicht besser gewusst* gelten nicht. Sie, lieber Erblasser, hatten alle Chancen sich zu informieren, entsprechende Vorsorge zu treffen und die richtige Entscheidung zu treffen, um einen Erbschaftsstreit zu verhindern und den Familienfrieden auch nach Ihrem Tod zu gewährleisten.

Zwischenmenschliche Situation – Erblasser zu einander

Auch das Verhältnis der Erblasser zueinander soll nicht vergessen werden. Selbstverständlich sind Sie als Erblasser berechtigt, Ihren Nachlass so zu verteilen wie es Ihnen gefällt, allerdings tragen Sie auch die Verantwortung für die Konsequenzen, die sich daraus ergeben.

Wenn Sie, lieber Erblasser, sich mit Ihrem Nachlass befassen und wie Sie diesen an Ihre Kindern übertragen wollen, dann sollten Sie sich als erstes darüber klarwerden, welche Gefühle Sie für Ihren Ehepartner, Ihre Kinder und die Kinder Ihres Ehepartners hegen. Machen Sie einen Unterschied zwischen Ihren leiblichen Kindern und vorhandenen Stiefkindern/leiblichen Kindern Ihres Ehepartners? Welchen Einfluss haben diese Gefühle auf die Gefühle aller Kinder zueinander? Diese Gefühle werden Ihre Nachlassregelung beeinflussen. Details zu diesem Thema sind bereits beschrieben.

In einer gesunden, harmonischen Familie sollte jedes Kind/zukünftiger Erbe den gleichen Stellenwert bei dem Erblasser haben. Das bedeutet, dass kein Erblasser bei der Verteilung des Nachlasses und der Abfassung des Testaments einen Unterschied macht zwischen den eigenen leiblichen Kindern und den Kindern/Stiefkindern des anderen Elternteils. Auch ob die Kinder/Erben Enkelkinder haben und wenn ja, wie viele darf kein Kriterium bei der Abfassung des Testaments sein. Es sind die Kinder der Erblasser, die im Testament zu bedenken sind und nicht die Kindeskinder/Enkel.

Ein Kind in der Erbfolge zu benachteiligen, nur weil es keine eigenen Kinder haben kann oder will oder weil es das Stiefkind von einem der Erblasser ist, ist moralisch und ethisch äußerst fragwürdig. Dies gilt ganz besonders, wenn der benachteilige Erbe einen nicht unerheblichen finanziellen Beitrag zum zu verteilenden Nachlassvermögen geleistet hat.

Die Erblasser sollten bei der Abfassung ihres Testaments den Unterschied mein Kind, dein Kind und damit die Einordnung in eine Werteskala unbedingt vermeiden. Es kann nur unsere Kinder geben und es sollte unerheblich sein, wer der leibliche Elternteil ist.

Bei der Eheschließung war den Erblassern schließlich bekannt, dass ein Ehepartner mit Kind geheiratet wird und es war trotzdem der Wille vorhanden den Ehepartner mit Stiefkind zu akzeptieren. Wenn dies nicht die Auffassung der Erblasser ist, dann liegt die Vermutung nahe, dass nicht Liebe der Grund für die Heirat war, sondern andere Gründe vorlagen, die hier nicht weiter betrachtet werden.

Auch hat jedes Kind/Erbe in einer Familie das gleiche Recht auf elterliche Gefühle und den entsprechenden Anteil am

Erbe, denn die Kinder sind schließlich von den Eltern, den Erblassern, in die Welt gesetzt worden und müssen sich die elterliche Liebe nicht erst verdienen. Die Kinder wurden nicht gefragt, ob sie geboren werden wollten, aber sie müssen jetzt mit dem Leben, das die Erblasser ihnen vorgegeben haben, fertig werden. Wenn Sie einen Ihrer Erben benachteiligen, dann lassen Sie diesen Erben für Ihre eigenen Fehler büßen und fordern eine disharmonische Erbauseinandersetzung heraus.

Der einzige akzeptable Grund, den Erbteil eines Erben zu reduzieren, sollte sein, wenn dieser Erbe bereits vorab eine Schenkung oder andere Zuwendungen bekommen hat oder wenn die erbrechtlichen Bedingungen für die Beschränkung eines Erbanteils gegeben sind wie zum Beispiel ein beweisbarer Mordversuch an dem/den Erblassern.

Lieber Erblasser, bitte bedenken Sie bei der Abfassung Ihres Testaments welche Konsequenzen Ihr Testament haben wird – eine intakte und glückliche Familie auch nach Ihrem Tod oder die vollständige Auflösung Ihrer Familie? Sie treffen diese Entscheidung.

Es ist daher angebracht, dass die Erblasser sich vor der Verfassung ihres Testaments gemeinsam an einen Tisch setzen und das Thema Erbschaft und die Begleitung der Erblasser bis zum Tod offen diskutieren. Es ist auch sicher zu stellen, dass der überlebende Erblasser nicht von den erbenden Kindern in die Armut getrieben wird, weil die Erben die Auszahlung ihres Erbteils verlangen. Die Zielsetzung bei einer Nachlassregelung sollte sein, dass die Auszahlung der Erbteile bis zum Tod des zweiten Erblassers verschoben wird.

Das Verhältnis der Erblasser zu einander ist besonders wichtig bei der Erstellung eines Testaments. Das heißt, wenn die Eheleute ein gemeinsames Testament erstellen, dann sollte der zweite Erblasser auch nach dem Versterben des ersten noch mit dem Inhalt des Testaments einverstanden sein.

Die Bestimmungen des Testaments und die daraus resultierenden Konsequenzen müssen von jedem Erblasser verstanden und gewollt sein und sollten keinen der Erben benachteiligen. Keiner der Erblasser darf den zweiten psychisch oder physisch unter Druck setzen, um eine Testamentsregelung unterschrieben zu bekommen, die nicht dem Willen des Erblassers entspricht oder einen Erben benachteiligt.

Das Testament sollte auch eine Regelung enthalten für den Fall, dass der zweite Erblasser nach dem Tod des ersten wieder heiratet. Was soll in einem solchen Fall mit dem Nachlass geschehen, damit die Erbteile der Erben/Kinder nicht gemindert werden durch die erneute Heirat. Alle diese Informationen gehören in ein Testament und Ihre spezielle Familiensituation könnte noch weitere beinhalten, die zu regeln sind.

Welche Möglichkeiten für solche Familiensituationen bestehen und wie die Nachlassangelegenheit in einem solchen Fall zu lösen ist, geht über den Rahmen dieses Buches hinaus. Sie werden den Rat und den Service eines kompetenten Erbrechtsanwalt in Anspruch nehmen müssen, um eine solch komplizierte Familienkonstellation zu regeln.

Die richtige Planung und Verfassung eines Testaments kann viele Spannungen aus der späteren Nachlassabwicklung herausnehmen und die gerichtliche Erbauseinandersetzung verhindern. Privat- und handschriftliche Testament, die aus Sparsamkeitsgründen abgefasst werden, sind nicht zu empfehlen, weil für die Erblasser die rechtlichen Konsequenzen ihres Testaments nicht einschätzbar sind. Das Erbrecht ist komplizierter als es scheint und die verfügbaren Ratgeber für die Erstellung solcher Testamente sind für komplexe Familienkonstellation nicht vorgesehen.

Liebe Erblasser, seien Sie smart, beugen Sie vor und treffen Sie die richtige Entscheidung.

Familienkonstellationen: Erblasser – Erben und deren Erbschaftsabwicklungsoptionen

Nachdem wir die zwischenmenschlichen Probleme einer Erbschaft und die Gefühlswelt der Erben und Erblasser zueinander betrachtet haben, hier einige Optionen, die sich im Rahmen einzelner Familienkonstellation ergeben können; welche Auswirkungen daraus resultieren und wie Sie eine harmonische Nachlassregelung festlegen.

Die nachfolgende Darstellung ist eine Laiensicht basierend auf Recherchen. Wenn Sie Ihre Situation in einer dieser Fallbeschreibungen wiederfinden und als Leitmotiv wählen, dann sollten Sie die notwendigen rechtlichen Formvorschriften unbedingt mit einem kompetenten Fachanwalt im Rahmen eines Beratungsgesprächs abstimmen. Nur so werden Sie die von Ihnen angestrebte positive Nachlassregelung erreichen und die Harmonie in der Familie sichern.

Fall 1:

Alle Kinder sind leibliche Kinder und die Eltern/Erblasser besitzen eine Immobilie, ein Auto sowie Konto- und

Depotguthaben. Keines der Kinder lebt noch im Haus der Erblasser und keines der Kinder hat Interesse an der Immobilie.

Die Erblasser bestimmen, dass die Immobilie samt dem Hausrat verkauft wird und der Verkaufserlös wird zwischen den Erben aufgeteilt. Bei dem Depot sollten Sie als Erblasser festlegen, dass die bestehenden Kontovollmachten mit dem Tod des Erblassers automatisch erlöschen und die Wertpapiere nach Vorlage der Erbschaftsdokumente sofort bestens am Wertpapiermarkt verkauft werden. Der Verkaufserlös der Wertpapiere wird den bestehenden Kontoguthaben zugefügt und die Kontoguthaben werden anschließend gemäß der Nachlassregelung verteilt.

Mit dieser Bestimmung bezüglich der Vollmachten und der Wertpapiere verhindern Sie, dass die AGBs der Bankinstitute die Verfügungsgewalt Ihrer Erben beeinflusst. Sie als Kontoinhaber legen mit dieser Weisung noch zu Lebzeiten fest, wie das Depot verwertet wird und die Abwicklung kann kurzfristig und zeitnah von dem Bankinstitut vorgenommen werden. Sie vermeiden damit, dass einer der Erben mit seinem Vetorecht die Auflösung des Depots verhindert und die Erbgemeinschaft unnötigerweise dem Aktienkursrisiko aussetzt.

Den Bankinstituten wird das Löschen der bestehenden Kontovollmacht meist nicht gefallen, weil dadurch die Verfügungsgewalt über das Kontoguthaben beschränkt wird und für die Banken erhöht sich der Arbeitsaufwand. Aber Sie müssen bedenken, dass Sie mit der Löschung der Kontovollmacht verhindern, dass der bevollmächtigte Erbe nach Ihrem Tod weiterhin Verfügungen über den Nachlass vornimmt und so die Höhe des Nachlassvermögens manipuliert und die Verteilung des Nachlasses verzögert.

Auch die Bankinstitute sind an einer schnellen Abwicklung eines Nachlasses interessiert, weil sie ungern an einer Erbauseinandersetzung beteiligt sein wollen. Aus diesem Grund werden Nachlasskontenguthaben, bei denen eine Einigung der Erbengemeinschaft und die Auszahlung der Guthaben nicht innerhalb einer bestimmten Frist erfolgt, beim zuständigen Amtsgericht des Bankinstituts hinterlegt. Das Amtsgericht fungiert in diesem Zusammenhang als Treuhänder.

Eine solche Hinterlegung von Kontoguthaben ist nicht kostenfrei und das Guthaben kann nur mit gerichtlichem Beschluss ausgezahlt werden. Wenn die Hinterlegung beim Amtsgericht erfolgt ist, dann haben die Erben bis zu dreißig Jahre Zeit sich zu einigen, oder das Erbe geht an den Staat. Es ist allerdings fraglich, ob nach dreißig Jahren noch etwas zu verteilen ist.

Wollen Sie das wirklich riskieren?

Am besten legen Sie als Erblasser Ihre Wünsche bezüglich der Nachlassregelung fest und besprechen diese Wünsche mit Ihren Erben. Das Ergebnis dieser Besprechung halten Sie am besten in einem Protokoll fest, damit Ihre Erben später keinen Gedächtnisverlust bekommen. Das verfasste Protokoll können Sie als Basis für Ihr Testamentsverfügung verwenden. Welche Form – privatschriftlich oder notariell – hängt sowohl von der Größe Ihres Nachlassvermögens, den Nachlassgegenständen und Ihren Bestimmungen der Erbquoten ab.

Fall 2:

Ein Erbe ist interessiert an der Nachlassimmobilie, wohnt aber nicht in dem Haus. Bei dem Auto und den Depot- und Kontoguthaben gibt es keine Besonderheiten zu beachten.

Die Erblasser legen fest, dass die Immobilie beim Erbschaftseintritt von einem vereidigten Sachverständigen geschätzt wird, um den aktuellen Verkehrswert der Nachlassimmobilie festzustellen. Der übernehmende Erbe hat auf Basis des festgestellten Verkehrswertes die übrigen Erben auszuzahlen.

Wenn dem Erben, der die Immobilie übernehmen möchte, der Preis für die Immobilie zu hoch ist oder er will die Immobilie jetzt nicht mehr haben, dann wird der freihändige Verkauf der Nachlassimmobilie testamentarisch festgelegt. Alle Erben müssen diesem Verkauf zustimmen, damit der Verkauf zügig abgewickelt wird und die Abwicklung des Nachlasses erfolgt.

Mit dieser Bestimmung soll verhindert werden, dass es zu einer Teilungsversteigerung der Nachlassimmobilie kommt, die zeit- und kostenintensiv ist. Sollte einer der Erben seine Zustimmung zum Immobilienverkauf verweigern, dann ist der freihändige Verkauf blockiert und die Immobilie bleibt im Eigentum der Erbengemeinschaft. Die gemeinschaftliche Verwaltung der Immobilie lässt sich erfahrungsgemäß nur schwer über längere Zeit durchhalten und sollte daher vermieden werden.

Bei der Verwaltung innerhalb einer Erbengemeinschaft gelten Mehrheitsentscheidungen für alle Verwaltungsaktivitäten und Kosten. Bei solchen Aktivitäten kann es leicht zu Spannungen und langen Diskussionen kommen, weil die Erben sich nicht über die Kosten und die Notwendigkeit einer Aktivität einigen können.

Wenn keine einvernehmliche Lösung innerhalb der Erbengemeinschaft bezüglich der Nachlassimmobilie möglich ist, bleibt nur die Teilungsversteigerung zur

Auflösung der Erbengemeinschaft beim zuständigen Amtsgericht als Option. Wie diese Option abläuft, ist bereits im Kapitel *Teilungsversteigerung* beschrieben worden. Alle Erben erleiden bei diesem Verfahren einen finanziellen Nachteil, weil bei einer Teilungsversteigerung meist ein Verkaufserlös weit unter dem aktuellen Verkehrswert erzielt wird.

Um einen unwilligen Erben zu motivieren, einem freihändigen Verkauf zuzustimmen, könnten die Erblasser bestimmen, dass der widerspenstige Erbe einen geringeren Anteil am Verkaufserlös der Immobilie erhält, wenn er dem Verkauf nicht zustimmt. Selbst dieser geringere Anteil am Verkaufserlös beim freihändigen Immobilienverkauf wird für den unwilligen Erben meist höher sein als der Anteil, den er in einer Teilungsversteigerung bekommen wird.

Bei der Verteilung der übrigen Nachlassgegenstände wird diese Regelung nicht angewandt und die Teilung erfolgt auf Basis der festgelegten Teilungsregelung der Erblasser.

In jedem Fall sollten die Erblasser ihre Wünsche mit den Erben besprechen und deren Zustimmung und Unterschrift einfordern. Wenn die Erben ihr Einverständnis mitteilen, sollte die vorstehenden Festlegungen schriftlich von den Erblassern dokumentiert werden und dieses Schriftstück sollte mit dem Testament beim Amtsgericht hinterlegt werden. Detaillierung der Erbquoten ist nicht notwendig, wenn die gesetzliche Erbteilung gilt.

Fall 3:

Bei den Erben handelt es sich um leibliche Kinder und zum Nachlass gehört eine Nachlassimmobilie, Auto sowie Depot- und Kontoguthaben. Es wird auch hier eine Verkehrswertermittlung durch einen vereidigten Schätzer festgelegt. Der an der Immobilie interessierte Erbe wohnt in der Nachlassimmobilie und will diese unbedingt übernehmen. Allerdings benötigt der übernehmende Erbe erhebliche finanzielle Mittel für die Auszahlung der übrigen Erben.

Eine Möglichkeit ist, dass die Erblasser und Erben sich zusammensetzen und gemeinsam ausdiskutieren, welche Optionen bestehen und welche im individuellen Erbfall von den Erblassern bevorzugt wird.

Option 1:

Der im Haus lebende Erbe ist bereit die Erblasser bis zu deren Tod zu pflegen und erhält für diesen Pflegedienst eine betraglich festgelegte Geldsumme. Die Berechnung des Betrags ist abhängig von den Jahren und den geleisteten Aufgaben. Der so kalkulierte Betrag wird auf den aktuellen Immobilienverkehrswert beim Tode des letztversterbenden Erblassers angerechnet.

Hier ein Beispiel:

Die Immobilie ist laut aktuellem Verkehrswertgutachten 200.000 Euro wert und der errechnete Betrag für die Pflege beläuft sich auf 50.000 Euro. Diese 50.000 Euro werden vom Verkehrswert subtrahiert und der zur Verteilung anstehende Immobilienwert ist damit nur noch 150.000 Euro. Dieser Betrag wird unter den Erben zu gleichen Teilen aufgeteilt. Bei drei Erben würde jeder Erbe 50.000 Euro erhalten.

Aufgrund der Pflegeanrechnung hat sich die Auszahlungsverpflichtung des immobilienübernehmenden Erben um 50.000 Euro reduziert. Zusätzlich steht ihm noch sein Erbteil in Höhe von 50.000 Euro zu. Unter dieser

Prämisse gehört die Immobilie dem übernehmenden Erben bereits zu 50 % des aktuell festgestellten Verkehrswerts und er muss nur noch 100.000 Euro an seine Miterben auszahlen.

Bei einem 50-prozentigen Eigentum an einer Immobilie ist es relativ einfach eine finanzierende Bank zu finden. Außerdem stehen dem immobilienübernehmenden Erben noch Teile der übrigen Nachlassgegenstände zu. Das heißt, dieser Erbe könnte seinen Finanzierungsbedarf zusätzlich mit seinem Anteil an den Depot- und Kontowerten reduzieren.

Dies ist die harmonische Lösung, die aber unbedingt zwischen allen betroffenen Erben und den Erblassern zu besprechen ist, um Zustimmung für diese Option zu erreichen und einen Erbstreit zu vermeiden.

Option 2:

Der im Haus lebende Erbe zahlt Miete und es besteht keine Abstimmung über die Übertragung der Immobilie. Die Immobilie ist gemäß Verkehrswertgutachten 200.000 Euro wert, aber dieser Betrag ist von dem interessierten Erben nicht bezahlbar.

Der Erbe hat jetzt nur zwei Möglichkeiten – entweder den Verkehrswert durch Verhandlung mit seinen Miterben zu reduzieren oder er strebt eine Teilungsversteigerung an. Bei einer Verkehrswertreduzierung muss er seine Miterben mit ins Boot holen, denn diese müssen zustimmen. Um diese Zustimmung zu erreichen, wird der Erbe sich kooperativ zeigen müssen bei den übrigen Nachlassgegenständen und seinen Erbanspruch bei diesen reduzieren.

Wenn der Erbe dies aber nicht will, bleibt ihm nur die gerichtliche Teilungsversteigerung. Dieses Verfahren ist bereits in dem Kapitel *Teilungsversteigerung* erklärt worden.

Auch bei diesem Verfahren wird der Verkehrswert reduziert, allerdings ohne die Mitwirkung der Miterben der Immobilie und nur wenn keiner der übrigen Miterben bei der Versteigerung mitbietet.

Nach der Verteilung des Teilungsversteigerungserlöses werden die übrigen Nachlassgegenstände auseinandergesetzt und unter den Erben aufgeteilt entweder gemäß der gesetzlichen Regelung oder den testamentarischen Vorgaben der Erblasser.

Es ist leicht einsehbar, dass diese Option nicht harmonisch enden wird und der Erbschaftsstreit vorprogrammiert ist, ganz besonders dann, wenn jeder Erbe nur auf seinen eigenen Vorteil bedacht ist. In dieser Situation werden alle Erben einen finanziellen Schaden erleiden und das Familienverhältnis zueinander ist entweder erheblich gestört oder existiert nicht mehr nach der Nachlassabwicklung.

Um in diesen Erbstreit zu vermeiden, ist es dringend anzuraten, dass Erben und Erblasser eine solche Erbschaftssituation besprechen und sich auf eine Lösung einigen. Diese Lösung sollte im Rahmen eines notariellen Testaments festgehalten werden, weil einer der Erben einen finanziellen Vorteil gegenüber den übrigen Erben erhält. Mündliche Absprache und geäußerte Wünsche gelten in einem solchen Fall nicht und sind auch nicht gerichtlich einklagbar.

Fall 4:

In den vorstehenden Fällen sind wir davon ausgegangen, dass es sich um leibliche und/oder adoptierte Kinder handelte, die von den Erblassern gleichermaßen im Nachlass bedacht werden.

In diesem Fall gehen wir davon aus, dass einer der beteiligten Erben ein Scheidungskind oder eine Halbwaise ist. Dieses Kind hat während seines Lebens in der Familie zum Familieneinkommen beigetragen in Form von Unterhalt vom geschiedenen Partner oder in Form von Waisenrente von der Rentenanstalt. Dieser Unterhalt ist in das Familienbudget eingeflossen und von der gesamten Familie verbraucht worden zum Beispiel zur Finanzierung der Nachlassimmobilie oder anderen Wertgegenstände des Nachlasses.

Auch ist in dieser Situation das Zusammenleben in der Familie zu berücksichtigen. Solange das Halbwaisenkind im Haushalt der Erblasser gewohnt hat, hat es nicht nur finanziell zum Familienbudget beigetragen, sondern auch im Haushalt geholfen und die jüngeren Geschwister betreut. Außerdem hat der Erbe (Halbwaise) nie auffälliges oder ungehöriges Verhalten gegenüber den Erblassern, insbesondere gegenüber dem Stiefelternteil gezeigt, dass eine Benachteiligung im Nachlass rechtfertigen würde.

Wenn die Erblasser keine schriftliche Regelung treffen, dann kann es je nach Situation des Halbwaisen- oder Scheidungskindes zu einer erheblichen Benachteiligung im Nachlassfall kommen.

Wie bereits zu Beginn des Buches beschrieben, besteht bei Stiefkindern nur ein gesetzlicher Erbanspruch auf den Teil des Nachlasses, der dem leiblichen Erblasser des Stiefkinds zugeordnet werden kann. Dieser Nachlassanteil ist, wenn dieser Erblasser als erster verstirbt wesentlich geringer als wenn der leibliche Erblasser als letzter verstirbt. Details zu diesem Thema und Rechenbeispiele sind in dem Kapitel *Gesetzliche Erben* beschrieben.

Sollte der leibliche Erblasser des Stiefkindes als letzter versterben und dieser Erblasser war aufgrund eines Berliner Testaments der Alleinerbe nach dem Tod des ersten Erblassers, dann ist der Anspruch des Stiefkindes meist grösser als bei der gesetzlichen Regelung. Es sei denn, es wurden testamentarisch Erbquoten festgelegt. Allerdings darf der Erbanteil des Stiefkindes bei einer testamentarischen Regelung nicht unter den gesetzlichen Pflichtanteil fallen. Details zum Thema Pflichtanteil finden Sie im Kapitel *Pflichtteil*.

Die Konstellation einer solchen Patchwork-Familie ist kompliziert und risikobehaftet, wenn es um die Verteilung des Nachlasses geht. Um eine gerechte und gesetzlich sichere Nachlassaufteilung für alle Erben zu erreichen, die auch das Risiko einer gerichtlichen Auseinandersetzung minimiert, ist die anwaltliche Beratung und ein notarielles Testament anzuraten.

Ein solches Testament sollte so abgefasst sein, dass keine nachträgliche Benachteiligung des Stiefkindes erfolgt, beispielsweise durch eine weitere Heirat des überlebenden Erblassers oder die Änderung des Testaments nachdem der leibliche Elternteil des Stiefkindes verstorben ist.

Ein kurzes Beispiel, um diesen Fall einfacher zu verstehen:

Es wird angenommen, die Erblasser der Patchwork-Familie haben ein Berliner Testament verfasst. In diesem Testament ist festgelegt, dass nach dem Tod des erstversterbenden der überlebende Erblasser alles erbt. Die Kinder, leiblich/adoptiert oder Stiefkind, bekommen in diesem Erbfall nichts, sondern der Nachlass wird erst verteilt, wenn auch der zweite Erblasser verstirbt.

Wenn dieser zweite Nachlassfall eintritt, erfolgt die Verteilung des dann vorhandenen Gesamtnachlasses auf Basis der BGB-Erbrechts. Es ist keine Verfügung im Berliner Testament festgelegt, welcher Erbe welchen Nachlassgegenstand erhält.

Das heißt, alle Erben sind gleichberechtigt und bekommen wertmäßig den gleichen Anteil am Nachlass. Es wird in diesem Fall kein Unterschied gemacht, zwischen den Erben, egal ob leiblich oder Stiefkind. Diese Regelung beinhaltet keine Benachteiligung und die Erbauseinandersetzung sollte einfach und schnell erfolgen können.

Aus unbekannten Gründen haben die beiden Erblasser des Berliner Testaments für die Nacherben nicht die gesetzliche Nachlassteilung vorgesehen, sondern sie haben Erbquoten vorgegeben. Bei den Erbquoten unterscheiden die Erblasser zwischen den leiblichen Kindern beider Erblasser und dem Stiefkind. Die leiblichen Kinder bekommen einen höheren Anteil an dem Nachlass als das Stiefkind, dass mit seinem Unterhalt zum Aufbau des Nachlassvermögens beigetragen hat. Eine disharmonische Erbauseinandersetzung ist bei einer solchen Nachlassregelung vorprogrammiert.

Die Erblasser solcher Patchworkfamilien sind häufig zu feige das Thema Tod und Nachlass sowie dessen Verteilung offen mit den Erben zu diskutieren, weil sie sich vor den Antworten und Diskussion mit ihren Erben fürchten. Sie zeigen mit solchen benachteiligenden Regelungen dem einen oder anderen Erben, dass er in ihren Augen weniger wert ist. Sie haben Angst, dass dieser Erbe ihnen seine Liebe aufgrund dieser Erkenntnis entziehen wird. Aber Eltern und Erblasser wollen geliebt werden und können nur schwer bis gar nicht mit solchen Gefühlen umgehen.

Ein weiteres Argument können auch die entstehenden Kosten für ein professional verfasstes Testament oder zumindest eine anwaltliche Beratung sein. Die Erblasser handeln daher lieber nach dem Motto *nach mir die Sintflut oder wenn ich tot bin, dann bekomme ich das nicht mehr mit.* Das ist fahrlässig angesichts dem daraus resultierenden Risiko und den Auswirkungen einer gerichtlichen Auseinandersetzung.

Betrachten wir diese negative Variante der Nachlassverteilung, der Benachteiligung eines Erben, und verdeutlichen uns die Benachteiligung an Hand eines Zahlenbeispiels:

Bei der negativen Variante diskriminieren die Erblasser den Halbwaisenerben ohne ersichtlichen Grund, indem sie den Anteil des Stiefkindes am Nachlass gegenüber den übrigen leiblichen Kindern reduzieren. Sie verteilen den Gesamtnachlass zum Beispiel wie folgt: 25 Prozent vom Gesamterbe erhält das Halbwaisenkind, das finanziell zum Aufbau des Gesamtnachlasses beigetragen hat und die leiblichen Kinder erhalten jeweils 37,5 Prozent des Gesamterbes. Das Halbwaisen- oder Stiefkind hat also einen Nachteil von 12,5 Prozent gegenüber seiner beiden Miterben.

In absoluten Zahlen ausgedrückt bedeutet dies, dass bei einem Gesamtnachlass von 400.000 Euro das Stiefkind 100.000 Euro erhält während die beiden leiblichen Kinder jeweils 150.000 Euro bekommen. Die leiblichen Kinder bekommen aufgrund dieser Erbschaftsregelung jeweils 50.000 Euro mehr als das Halbwaisenkind.

Das Halbwaisenkind ist damit doppelt bestraft: einerseits hat es während seiner Kindheit einen finanziellen Beitrag zum Familienbudget geleistet und anderseits wird es aufgrund seines Halbwaisenstatus geringer am Nachlass beteiligt.

Bei einer solchen Nachlassregelung, liebe Erblasser, können Sie davon ausgehen, dass die Nachlassverteilung nicht harmonisch verläuft und Sie haben Ihre Familie, für die Sie gelebt und gearbeitet haben, zerstört.

Es ist anzunehmen, dass Sie dieses Ziel nicht anstreben. Eine professionelle testamentarische Regelung ist in einem solchen Erbfall die beste Lösung, weil ein Anwalt eine für alle Erben gerechte Verteilung gemeinsam mit den Erblassern festlegen kann und er hilft so einen Erbschaftsstreit zu vermeiden.

Bevor Sie das Gespräch mit einem Fachanwalt für Erbrecht führen, sollten Sie zunächst mit Ihren Erben die bestehende Erbsituation in einem Gespräch klären.

In diesem Gespräch sollten alle emotionalen und zwischenmenschlichen Gefühle von allen Beteiligten offen diskutiert und Lösungen gefunden werden. Erst wenn diese Dinge ausgesprochen und geklärt sind, kann eine für alle Beteiligten gerechte Nachlassregelung getroffen werden.

Jedem Beteiligten ist dann bekannt, was von ihm erwartet wird und welche Gegenleistung (Anteil am Nachlass) er dafür bekommt. Es wird verhindert, dass einer der Erben ausgenutzt wird und dies erst feststellt, wenn es zu spät ist.

Diese Aussprache muss unbedingt vor der Erstellung des Testaments und ganz besonders vor der Erstellung eines Berliner Testaments erfolgen, weil bei einem Berliner Testament der letztversterbende Erblasser nach dem Tod des Erstverstorbenen an die testamentarischen Regelungen gebunden ist. Der letztversterbende kann diese Regelungen nicht mehr ändern, wenn das Testament einmal eröffnet ist und er das Erbe angenommen hat (Details siehe *Berliner Testament*).

Wenn dieses klärende Gespräch nicht rechtzeitig mit allen Beteiligten erfolgt, dann werden die unterschwellig bestehenden Ablehnungsgefühle der leiblichen Kinder gegenüber dem Stiefkind spätestens beim Tod des letztversterbenden Erblassers offen zu Tage treten. Eine gerichtliche Auseinandersetzung wird sich zu diesem Zeitpunkt meist nicht mehr vermeiden lassen, weil jeder Erbe nur noch seine Interessen sieht und die Interessen der Miterben zählen nicht.

Als benachteiligter Erbe sollten Sie Ihre Scham ablegen und genauso wie Ihre Miterben für Ihre Interessen kämpfen. Welche Maßnahmen Sie ergreifen müssen, kann Ihnen ein kompetenter Fachanwalt für Erbrecht erklären. Das heißt noch nicht, dass Sie sofort einen Anwalt mit der Vertretung Ihrer Interessen beauftragen, sondern Sie sondieren lediglich Ihre Optionen und können versuchen, eine einvernehmliche Lösung mit Ihren Miterben zu erreichen.

Bei einer solchen außergerichtlichen Lösung müssen selbstverständlich alle Erben kooperieren. Das Ziel muss lauten, jeder muss in gewissem Rahmen nachgeben und strittige, unteilbare Nachlassgegenstände sind in teilbare Geldwerte umzuwandeln, damit eine gerechte Lösung für alle gefunden wird.

Auch die Einsetzung eines vom Nachlassgericht bestellten Testamentsvollstreckers kann für die Erbauseinandersetzung eine gute Möglichkeit sein, Eskalationen und Streitigkeiten bei der Abwicklung des Testaments zu vermeiden, weil alle Vereinbarungen und Verfügungen vom Testamentsvollstrecker durchgeführt werden und nicht von den beteiligten Erben. Taktische Verzögerungen der Erben in der Nachlassauseinandersetzung werden mit einem

Testamentsvollstrecker auch verhindert, aber der Erblasser muss diese Maßnahme im Testament festlegen.

Die Einsetzung eines nahen Familienmitglieds als Testamentsvollstrecker um Kosten zu sparen, ist nicht zielführend. Meist sind Familienmitglieder als Testamentsvollstrecker parteiisch und werden daher nicht das Vertrauen aller Erben besitzen. Wenn das Vertrauen fehlt, kann auch der Erbstreit nicht vermieden werden.

Nachdem wir einige Familienkonstellationen und die damit verbundenen Probleme im Hinblick auf eine Nachlassregelung untersucht haben, ist es an der Zeit eine Checkliste aufzustellen. Mit Hilfe dieser Checkliste lassen sich viele Probleme und Unklarheiten im Vorfeld einer Erbschaft klären und vermeiden. Die Erbschaftsabwicklung wird nach einer solchen Vorbereitung für alle Beteiligten leichter und schneller und die Familie wird auch nach dem Tod des Erblassers weiter bestehen.

Checkliste für Nachlass und Erbauseinandersetzung

Für eine smarte Nachlassregelung und positive Erbauseinandersetzung sollte ganz oben auf der Checkliste die Auflistung aller Nachlassgegenstände und der betroffenen Erben stehen.

Bei den Überlegungen für die Nachlassregelung können Sie auch gleich die Entscheidungen bezüglich einer Patienten-, einer Vorsorge- und einer Betreuungsvollmacht treffen. Diese Vollmachten stehen in direktem Zusammenhang mit der Nachlassregelung und einem Testament.

Alle diese Vereinbarungen und Vollmachten sollten Sie, lieber Erblasser, erstellen, solange Sie testierfähig sind. Warten Sie nicht bis Sie krank werden oder der Tod vor der Tür steht und bereits anklopft.

Die nachfolgenden Dokumente und die Abwicklungsvorgaben sind von Ihnen zu erstellen, wenn Sie gesund und nicht durch Medikamente oder fortgeschrittenes Alter in Ihrem mentalen Geisteszustand beeinträchtigt sind.

Nachlassverzeichnis

In diesem Verzeichnis werden alle zum Nachlass gehörenden Vermögensgegenstände aufgelistet mit deren aktuellem Wert, wobei der Wert nur als Information dient, um den Gesamtnachlass zu ermitteln. Beim eingetretenen Erbfall sind diese Wert zu aktualisieren.

Zum Nachlass gehört beispielsweise eine vorhandene Immobilie, ein Auto und der Hausrat sowie Kontoguthaben. Es reicht nicht allgemein *Hausrat* zu schreiben, weil einige Hausratsgegenstände speziell sein können und deshalb einen höheren Wert darstellen als andere. Ein Beispiel sind neuwertige, wenig genutzte Fitnessgeräte oder Luxusartikel und diese sind separat aufzunehmen.

Als Erblasser sollten Sie auch nicht vergessen, Schenkungen und gewährte Darlehen mit aufzulisten und die dazugehörenden Dokumente beizufügen. Wenn diese Details vergessen werden, wird dadurch der Wert des Nachlasses manipuliert und die Anteile der Erben beeinflusst.

Alle Vereinbarungen, die Sie als Erblasser mit den Erben treffen, wie zum Beispiel Darlehens- und Mietverträge sollten schriftlich dokumentiert sein, damit eine spätere

Berücksichtigung bei der Erbschaftsauseinandersetzung möglich ist. Auch in der Familie gilt – bei Geld hört die Freundschaft und auch die Familie auf.

Nach vollständiger Auflistung der Nachlassgegenstände können Sie das Gespräch mit den Erben suchen und mit diesen die Aufteilung dieses Nachlasses besprechen.

Sämtliche Absprachen und Ergebnisse dieser Besprechungen sollten Sie schriftlich festhalten und anschließend in einem Testament niederschreiben. Basierend auf den vorstehend beschriebenen Familienkonstellationen und deren Komplexität ist für die Erstellung des Testaments gegebenenfalls ein kompetenter Fachanwalt für Erbrecht oder ein Notar der richtige Partner für Sie.

Patienten-, Vorsorge- und Betreuungsvollmacht

Wenn Sie bereits mit der Regelung bezüglich Ihres Nachlasses beschäftigt sind, dann sollten Sie auch gleich Verfügungen treffen für die Fälle, die vor dem Tod eintreten können. Auch bei diesen Vollmachten sind die Erben gefordert und dieses Thema kann zusammen mit der Nachlassklärung erfolgen.

Bei der Patientenvollmacht sollten Sie alle Erben mit einbeziehen, damit die Ärzte mit jedem einzelnen Erben die notwendigen Maßnahmen in einem Notfall besprechen können. Diese Vollmacht entbindet die Ärzte und das medizinische Personal von ihrer Schweigepflicht und betrifft nur die Beziehung zwischen Arzt und Patient beziehungsweise seinen Vertretern – Ehepartner oder Kindern.

Mit der Patientenvollmacht stellen Sie auch sicher, dass im Notfall die von Ihnen benannten Personen Entscheidungen für Sie treffen und die Interessen wahren, die Sie festgelegt haben. Diese Personen bestimmen für Sie auf Basis der Patientenvollmacht, wenn Sie dies nicht mehr selbst tun können.

Die Vorsorgevollmacht ist wichtig für den Fall, dass Sie, lieber Erblasser, ein Pflegefall werden und Unterstützung von Ihren Erben benötigen für Ihre tägliche Pflege. Diese Vollmacht sollten Sie nur dem Erben geben, der auch bereit ist alle notwendigen Aktivitäten auszuführen und die damit verbundene Verantwortung zu übernehmen. Aus diesem Grund muss auch der Bevollmächtigte diese Vorsorgevollmacht mitunterschreiben.

Diese Vollmacht betrifft unter anderem Bankverfügungen, Vertragsvertretung und Unterbringung in Pflegeinstitutionen. Sie beinhaltet aber auch die Gabe von Medikamenten und die häusliche Pflege im Krankheitsfall wie zum Beispiel Krebs im Endstadium oder Demenz. Eine solche Vollmacht sollte daher nur an Personen erteilt werden, denen Sie uneingeschränkt vertrauen.

Eine Betreuungsvollmacht ist eine Willenserklärung, mit der Sie eine Person mit Ihrer Vertretung in allen rechtlichen Dingen beauftragen und Sie genehmigen alle seine Handlung im Voraus.

In diesem Dokument können Sie auch eine weitere Ersatzperson benennen für den Fall, dass die erstgenannte Person wegfällt. Sie können auch Personen als Betreuer ausschließen, wenn Sie kein Vertrauen zu diesen Personen haben.

Sollten Sie keine Betreuungsvollmacht erstellen und der Betreuungsfall tritt ein, dann wird das zuständige Amtsgericht einen Betreuer für Sie bestimmen. Mündliche Vereinbarung gelten nicht.

Notartermin für die Nachlassregelung

Sobald Sie mit Ihren Erben gesprochen und die notwendigen Details geklärt haben, können Sie die Nachlassregelungen schriftlich verfassen. Ob Sie sich für ein privatschriftliches Testament entscheiden oder die notarielle Variante, hängt von der Komplexität und der Art und Umfang Ihres Nachlasses ab.

Im Rahmen Ihres Testaments sollten Sie als Erblasser vorgeben, wie die Abwicklung des Nachlasses erfolgen soll. In den obigen Fallbeispielen wurden einige Optionen vorgestellt, die eine harmonische Abwicklung und Teilung des Nachlasses ermöglichen.

Unabhängig von der Form des Testaments – privatschriftlich oder notariell – sollte Sie das Dokument beim zuständigen Amtsgericht verwahren lassen. Sie stellen damit sicher, dass die schriftlich formulierten Details für Ihre Nachlassregelung nicht verloren gehen oder vernichtet werden. Diese Verwahrung beim Amtsgericht kostet einmalig 75 Euro (2016) und die Hinterlegung ist zeitlich nicht befristet.

Bei einem notariellen Testament übernimmt der Notar die Niederschrift des Testaments und liefert das Testament nach der Unterschrift sofort beim zuständigen Amtsgericht ab. Sie brauchen sich in diesem Fall um nichts zu kümmern und nur den Einlieferungsschein für das Testament zu Ihren Akten nehmen.

Nachlassgericht nach dem Tod

Wenn Sie, lieber Erblasser, Ihren Nachlass und dessen Abwicklung im Rahmen Ihres Testaments geregelt haben, dann müssen Sie Ihre Erben informieren, wo dieses Testament zu finden ist. Ihre Erben brauchen anschließend nur noch dieses Testament beim zuständigen Nachlassgericht eröffnen zu lassen.

Bei einem privatschriftlichen Testament, das zu Hause verwahrt wird, muss dieses mit einer Kopie der Sterbeurkunde beim Nachlassgericht eingereicht werden. Aber Achtung – solche privat verwahrten Testamente können schnell verloren gehen oder vernichtet werden, wenn der Inhalt des Testaments den Erben nicht gefällt

Der einreichende Erbe muss sich ausweisen und kann anschließend das Nachlassgericht mit der amtlichen Eröffnung des Testaments beauftragen. Außerdem sind die aktuellen Wohnadressen aller Erben dem Nachlassgericht mitzuteilen, weil eine Kopie des Testaments und dessen amtliche Eröffnung jedem Erben per Post zur Kenntnis zugesandt wird.

Wenn das Testament des Erblassers bereits beim Amtsgericht hinterlegt ist, dann ist nur die Sterbeurkunde einzureichen. Das hinterlegte Testament wird aus der Verwahrung des Nachlassgerichts geholt, amtlich eröffnet und jeder Erbe erhält eine Kopie des erneut eröffneten Testaments per Post zugestellt.

Neben dem eröffneten Testament wird ein Erbschein benötigt, wenn zu dem Nachlass eine Immobilie gehört. Für die Umschreibung der Immobilie im Grundbuch ist der Erbschein als Beweisurkunde für die Erben erforderlich. Die Kosten für dieses amtliche Dokument berechnet sich nach dem Gesamtnachlasswert – Immobilie zuzüglich aller übrigen Nachlassgegenstände. Der Erbschein sollte daher erst beantragt werden, wenn das aktuelle vollständige Nachlassverzeichnis vorliegt.

Nachlassverzeichnis aktualisieren und Nachlassverteilungsplan aufstellen

Um den Erbschein beim Amtsgericht beantragen zu können, muss zunächst der Nachlasswert aller Nachlassgegenstände ermittelt werden. Als sorgsamer Erblasser haben Sie sicher beim Erstellen Ihres Testaments ein solches Verzeichnis angelegt und dem Testament beigefügt. Es reicht allerdings auch, wenn Sie das Nachlassverzeichnis zu Hause in Ihren Unterlagen abheften, während Sie das Testament beim Amtsgericht verwahren.

Die Wertermittlung einer zum Nachlass gehörenden Immobilie erfolgt mit Hilfe eines vereidigten Sachverständigen, der ein aktuelles Verkehrswertgutachten erstellt. Für die Erstellung eines solches Gutachtens sind ca. zwei bis vier Wochen einzuplanen. Die Kosten für dieses Gutachten richten sich nach dem ermittelten Verkehrswert der Immobilie. Bei diesen Kosten handelt es sich um Nachlasskosten, die vom Nachlassvermögen abzuziehen sind, bevor der Nachlass aufgeteilt wird.

Für die Bewertung eines Pkws bieten diverse Autoportale Vergleichswerte an, die für diesen Zweck nutzbar sind. Beim Hausrat wird es komplizierter. Um den Wert für den Hausrat zu ermitteln, sollten sich die Erben zusammensetzen und eine grobe Schätzung vornehmen. Der so ermittelte Wert wird als Basis für die Verteilung herangezogen.

Wenn eine Lebensversicherung zum Nachlass gehört, dann muss die Versicherungsgesellschaft zeitnah kontaktiert und die Versicherungssumme abgefragt werden. Diese Versicherungssumme wird ins Nachlassverzeichnis mit aufgenommen.

Bei den Depot- und Bankguthaben ist die Wertermittlung für das Nachlassverzeichnis einfach. Der jeweilige Kontoauszug der Konten liefert die notwendigen Zahlen zum Todestag des Erblassers. Außerdem werden die Kontostände am Todestag des Erblassers für die Ermittlung der Erbschaftssteuer von den Banken direkt an das zuständige Finanzamt gemeldet.

Auch bestehende Darlehensforderungen und Schenkungen an einen oder mehrere Erben dürfen nicht vergessen werden. Solche Forderungen sind von den betreffenden Erben entweder zurück zu zahlen an die Erbengemeinschaft oder auf den Erbanteil des betroffenen Erben anzurechnen.

Aktuelle Darlehensverbindlichkeiten des Erblassers bei Banken sind mit der aktuellen Restschuld in das Nachlassverzeichnis aufzunehmen. Diese Beträge gehören zum Nachlassvermögen und beeinflussen die Höhe des zu verteilenden Nachlasses. Diese Darlehnsverbindlichkeiten sind abzulösen bevor der Rest des Nachlassvermögens an die Erben verteilt wird.

Bei Überschuldung des Nachlasses können die Erben auf Basis der Zahlen im Nachlassverzeichnis die Entscheidung treffen, das Erbe auszuschlagen, um nicht für die Schulden des Erblassers zu haften.

Eine solche Ausschlagung betrifft in diesem Fall den gesamten Nachlass. Das heißt, als Erbe muss ich entscheiden, ob ich das Erbe annehme oder es ausschlage.

Ich kann nicht sagen, diesen Teil des Erbes nehme ich an und den Rest schlage ich aus. Für diese Entscheidung – annehmen oder nicht – hat jeder Erbe sechs Wochen Zeit, gerechnet vom Todestag des Erblassers. Trifft der Erbe keine Entscheidung gilt das Erbe nach Ablauf dieser Frist als angenommen.

Wenn die Erben alle Zahlen zusammengetragen haben, kann der Erbschein beim Nachlassgericht beantragt werden. Es wird nur ein Erbschein ausgestellt und dieser Erbschein wird dem beantragenden Erben mit der Post zugesandt. Die übrigen Erben können lediglich eine Kopie vom Originalerbschein erhalten.

Die Kosten für diesen Erbschein sind Nachlasskosten, die vom Nachlassvermögen abgezogen werden bevor der Nachlass verteilt wird.

Nach dem Vorliegen des Erbscheins kann das Grundbuch berichtigt werden. Die Nachlassimmobilie geht in diesem Fall auf die Erbengemeinschaft über. Für die kostenfreie Korrektur des Grundbuchs haben die Erben zwei Jahre Zeit, gerechnet ab dem Todestag des Erblassers.

Auf Basis des aufgestellten Nachlassverzeichnisses wird auch der Erbteilungsplan erstellt. In diesem Erbteilungsplan wird detailliert festgelegt, wie die einzelnen Nachlassgegenstände unter den Erben aufgeteilt werden und welcher Erbe aufgrund der Übernahme eines Nachlassgegenstandes welchen Betrag als Geldausgleich an die übrigen Miterben zu zahlen hat.

Wichtig ist in diesem Zusammenhang, dass der Erbteilungsplan alle Nachlassgegenstände umfasst und dass alle Gegenstände auch aufgeteilt werden. Es dürfen keine offenen Punkte bestehen bleiben, weil diese nach Jahren noch gerichtlich einklagbar sind. Um diese Unsicherheit zu vermeiden, ist es zu empfehlen, dass im Erbteilungsplan eine Abschlussklausel aufgenommen wird. Mit dieser Klausel wird festlegt, dass der Nachlass vollständig abgewickelt ist und dass keine weiteren Forderungen der einzelnen Erben untereinander bestehen.

Der Erbteilungsplan sollte daher unbedingt von allen betroffenen Erben unterschrieben und anschließend entsprechend umgesetzt werden. Wenn der Erbteilungsplan nicht von allen Erben unterschrieben wird, dann kann jeder Erbe noch dreißig Jahre Forderungen aus dem Nachlass herleiten und gegen seine Miterben gerichtlich vorgehen.

Umsetzung des Erbteilungsplans

Sobald der Erschein vom Nachlassgericht übersandt wurde, kann die Nachlassverteilung beginnen. Jeder Erbe hat das Recht auf diese Erbauseinandersetzung, aber diese Erbauseinandersetzung muss vollständig sein. Teilauseinandersetzungen sind nicht zielführend, weil diese nicht zur Auflösung der Erbengemeinschaft führen und auch gerichtlich nicht durchsetzbar sind.

Der erste Schritt bei einer Erbauseinandersetzung ist die Teilbarmachung des Nachlasses und dies gilt insbesondere bei der Nachlassimmobilie. Die Teilbarmachung der Immobilie bedeutet, dass die Immobilie entweder verkauft wird und dadurch wird ein nicht teilbarer Gegenstand – Immobilie – zu einem teilbaren – Geld. Dieses Geld kann zwischen den Erben entsprechend dem Erbrecht oder den Testamentsvorgaben im Erbteilungsplan geteilt werden.

Die Umwandlung der Immobilie in Geld kann entweder im freien Verkauf erfolgen oder einer der Miterben übernimmt die Immobilie ins Alleineigentum zum festgestellten Verkehrswert und zahlt seine Miterben aus.

Der Erblasser kann bereits bei der Niederschrift des Testaments bestimmen, wie mit der Nachlassimmobilie sowie dem übrigen Nachlassvermögen zu verfahren ist. Aber Achtung – das geltende BGB-Erbrecht mit seinen Rahmenbedingungen muss eingehalten werden. Die Erben sind an diese Verfügung gebunden. Es sei denn, die Erben fechten das Testament vor Gericht an oder alle Erben beschließen einstimmig und schriftlich eine vom Testament abweichende Verteilung des Nachlasses. Um hier keine Fehler zu machen, ist der Rat eines Fachanwalts unbedingt einzuholen.

Wenn die Erben einen Entschluss über die Verwertung der Nachlassimmobilie getroffen haben (Verkauf oder Übernahme durch einen Erben), dann muss die getroffene Entscheidung im Rahmen eines notariellen Vertrags durchgeführt werden. Für einen solchen notariellen Vertrag und die spätere Korrektur im Grundbuch wird der bereits erwähnte Erbschein benötigt.

Ein notarieller Immobilienübertragungsvertrag der Nachlassimmobilie wird entweder zwischen der Erbengemeinschaft und dem übernehmenden Erben oder der Erbengemeinschaft und einem dritten (Käufer der Immobilie) geschlossen. In beiden Fällen muss die gesamte Vertragssumme vom Käufer gezahlt werden und anschließend wird diese Summe zwischen den Erben auf Basis des Erbteilungsplans geteilt. Die Kosten für diesen notariellen Vertrag sowie alle damit verbundenen Kosten trägt der neue Immobilieneigentümer.

Wenn die Nachlassimmobilie im Rahmen einer Teilungsversteigerung übertragen wird, dann entfällt der Notarvertrag für die Übertragung der Immobilie. Dieser Vertrag wird ersetzt durch die Annahme des Höchstgebots bei der Teilungsversteigerung. Ein Erbschein ist auch in diesem Verfahren notwendig und die Kosten für das Verfahren gehen zu Lasten des erfolgreichen Bieters in der Gerichtsauktion.

Achtung! Der Hausrat, der sich in der Immobilie des Erblassers befindet, ist ein separater Nachlassvermögensgegenstand und geht nicht automatisch in das Eigentum des neuen Immobilieneigentümers über. Es muss hier eine separate Vereinbarung in der Erbengemeinschaft getroffen werden über die Verwertung des Hausrats. Gleiches gilt für einen vorhandenen Pkw.

Als Erbe müssen Sie es nicht tolerieren, wenn einer der Erben sich einen Nachlassgegenstand aneignet ohne der Erbengemeinschaft einen entsprechenden monetären Ausgleich zu zahlen. Eine solche Aneignung eines Nachlassgegenstandes kann sogar den Tatbestand eines Diebstahls in der Familie darstellen, der auf Antrag von der Staatsanwaltschaft verfolgt wird. Ob einer solcher Tatbestand vorliegt und ob Sie diesen gerichtlich verfolgen wollen, müssen Sie mit Ihrem Anwalt klären.

Bankverfügungen während der Erbteilung

Mit dem Tod des Kontoinhabers geht die Verfügungsgewalt über die Bankguthaben entweder auf einen Bevollmächtigten des Erblassers oder - wenn ein solcher nicht existiert – auf die Erbengemeinschaft über.

Auch in diesem Bereich kann im Testament eine entsprechende Weisung getroffen werden und zwar in der Form, dass sämtliche Bankvollmachten mit dem Tod des Erblassers erlöschen. Damit wird sichergestellt, dass der bevollmächtigte Erbe oder eine andere Person nicht das oder die Konten abräumt und auflöst und so den Nachlass manipuliert.

Die bestehenden Konten und insbesondere das Girokonto des Erblassers können nicht sofort aufgelöst werden, weil die Beerdigungskosten von diesem Kontoguthaben zu bezahlen sind. Die Beerdigungskosten gehen zu Lasten des zu verteilenden Nachlassvermögens und sind vor der Verteilung des Nachlasses zu begleichen.

Sobald das Bankinstitut Kenntnis vom Ableben des Kontoinhabers erhält, werden die Kontosalden zum Todestag an das zuständige Finanzamt gemeldet und die Verfügungsgewalt über die Kontoguthaben werden eingeschränkt. Diese Verfügungsbeschränkung ist notwendig, weil dem Institut nicht bekannt ist, wer Erbe ist und welche Verfügungen die berechtigten Erben bezüglich der Kontenguthaben und deren Aufteilung treffen werden.

Die Verfügungsbeschränkung gilt nicht für den vom verstorbenen Kontoinhaber bestimmten Kontobevollmächtigten. Dieser kann je nach Ausgestaltung der Bankvollmacht auch weiterhin über das Konto verfügen ohne den übrigen Erben darüber Rechenschaft ablegen zu müssen.

Das Bankinstitut wird den übrigen Erben aufgrund des Bankgeheimnisses und den geltenden AGBs keine Auskunft über den Kontostand und die Kontoverfügungen geben. Die Kontoauszüge für die Konten werden nur an den Bevollmächtigten versandt und nicht an die übrigen Erben.

Es ist daher dringend zu empfehlen, dass Bankinstitut zeitnah vom Versterben des Erblassers zu unterrichten und gleichzeitig bestehende Kontovollmachten zu widerrufen, um so allen Erben die Möglichkeit zu verschaffen, die Kontoverfügungen zu kontrollieren.

Jeder Erbe der Erbengemeinschaft ist berechtigt, den Tod des Erblassers an das Bankinstitut zu melden und die Bankvollmacht zu widerrufen. Sobald einer der Erben die Vollmacht widerruft, kann über die Konten des Erblassers nur noch die Erbengemeinschaft gemeinsam verfügen. Ungerechtfertigte Verfügungen werden so unterbunden und jeder Erbe kann sein Recht auf Kontoeinsicht wahrnehmen.

Für die Bankinstitute bedeutet der Widerruf einen höheren Aufwand bei der Kontoführung, denn das Onlinebanking kann nicht mehr genutzt werden.

In diesem Zusammenhang wird daraufhin hingewiesen, dass sämtliche Ausgaben im Zusammenhang mit der Beisetzung und der späteren Grabgestaltung innerhalb der Erbengemeinschaft gemeinsam zu treffen sind. Das bedeutet, dass jeder Erbe ein Mitspracherecht hat bei solchen Maßnahmen und den entstehenden Kosten, denn alle Erben haften für diese Kosten gesamtschuldnerisch.

Sollte einer der Miterben in einen solchen Entscheidungsprozess nicht einbezogen werden, so kann dieser Erbe seinen Anteil an diesen Kosten teilweise oder ganz verweigern. Dass der Erbe bei der Entscheidung übergangen wurde, bemerkt er spätestens, wenn die Rechnung für die beauftragte Maßnahme zu bezahlen ist und er seine Zustimmung für die Bezahlung erteilen muss.

Um diese aufwendigen Verfügungs- und Verrechnungsverfahren im Rahmen der Erbauseinandersetzung aufzulösen, sollten die Erben an einer schnellen Erbabwicklung interessiert sein und gemeinsam an einer konstruktiven Lösung mitarbeiten. Emotionen und Schuldzuweisungen sind in diesem Zusammenhang fehl am Platz.

Der Erblasser kann mit einer guten Vorbereitung solche spannungsgeladenen Situationen entschärfen und zu einer schnellen und komplikationslosen Nachlassteilung beitragen.

Wenn der Erblasser entsprechende Vorgaben für die Verteilung des Nachlasses im Testament gemacht und diese auch mit allen Erben im Vorfeld besprochen hat, dann sind die Chancen einer harmonischen Erbauseinandersetzung wesentlich höher als in jedem anderen Fall.

Der Erblasser kann für die Umsetzung seiner testamentarischen Wünsche auch vom Nachlassgericht einen Testamentsvollstrecker einsetzen lassen. In einem solchen Fall wird der Testamentsvollstrecker alle Aktivitäten der Erbauseinandersetzung aktiv umsetzen und steuern. Er trifft nach Rücksprache mit den Erben sämtliche Entscheidungen, bezahlt alle Rechnungen und unterschreibt alle Verfügungen. Die Erben sind in dieser Konstellation eher Statisten als Akteure.

Die Kosten für die Testamentsvollstreckung richten sich nach Umfang und Zeitaufwand für die Nachlassabwicklung und gehen zu Lasten des Nachlassvermögens.

Der Vorteil der Testamentsvollstreckung liegt darin, dass die Erben der Erbengemeinschaft nicht direkt mit einander streiten, sondern der Testamentsvollstrecker ist der Ansprechpartner für Streitpunkte und deren Lösung.

Selbstverständlich können die Erben der Erbengemeinschaft auch die Auseinandersetzung auf eigene Faust versuchen, aber in diesem Fall müssen die Erben positiv und kooperativ zueinander sein. Jeder Erbe muss zu Zugeständnissen bereit sein, um eine einvernehmliche, für alle befriedigende Lösung zu finden.

Eine solche harmonische Erbengemeinschaft wird es selten geben und besonders nicht, wenn einer der Erben beim Nachlass von den Erblassern benachteiligt wird.

In einer solchen Konstellation kommen bisher verborgene zwischenmenschliche Missstimmungen an die Oberfläche und Erben paktieren nicht selten gegen den benachteiligten Erben, um ihn von der Verteidigung seiner Rechte abzuhalten. Eine harmonische Erbauseinandersetzung ist in dieser Situation eher unwahrscheinlich.

Liebe Erblasser und Erben, wenn Sie bei Ihrer Nachlassregelung an diesem Punkt angelangt sind, dann ist die Ziellinie in Sicht.

Wir wünschen Ihnen, dass Ihre Erbauseinandersetzung harmonisch verläuft und Sie es schaffen, Ihr Familie auch über Ihren Tod des Erblassers hinaus zu erhalten. Wir wünschen Ihnen, dass Ihre Erbschaft nicht zum Familienkiller wird.

Für Fragen zu allen dargestellten Bereichen stehen wir Ihnen gern mit unserer Erfahrung zur Verfügung. Eine E-Mail für Ihre Fragen finden Sie am Ende des Buches.

Ein letztes Wort zum Abschluss

Die in diesem Buch bereitgestellten Informationen für eine Erbauseinandersetzung sind sorgfältig zusammengetragen. Sie basieren auf Recherchen, intensiver Kommunikation mit Anwälten und Betroffenen sowie eigenen Erfahrungen.

Allerdings dürfen die hier dargelegten Details nicht als Ersatz für kompetente Beratung mit einem Fachanwalt verstanden werden. Selbstverständlich kommen Sie als betroffener Erbe oder Erblasser nicht um eigene Recherchen bei Ihrem Steuerberater und Ihrem Bankberater herum, weil jeder Erbrechtsfall einzigartig ist und jeder beteiligte Erbe verhält sich unterschiedlich. Mit seinen Handlungen bestimmt jeder beteiligte Erbe den Fortgang, die Geschwindigkeit und das Ergebnis der Erbauseinandersetzung mit.

Wenn die Erben an einer schnellen, harmonischen Auseinandersetzung interessiert sind, dann sollte jeder Erbe mit viel Kooperation zum Verhandlungstisch kommen und nicht versuchen, die übrigen Erben um ihren Anteil zu bringen oder deren Anteil mit allen Mitteln zu reduzieren. Aber leider haben die meisten Erben diese Einsicht nicht und daher sind häufig gerichtliche Auseinandersetzungen vorprogrammiert.

Sollte es Ihnen, lieber Erblasser, trotz aller Bemühungen und Vorbereitungen nicht gelingen, Ihre Abkömmlinge für eine harmonische Erbauseinandersetzung zu begeistern, dann trösten Sie sich damit, dass Sie, lieber Erblasser, Ihre Bestes gegeben haben. Der Rest liegt nicht mehr in Ihrer Verantwortung und Sie sind in guten Gesellschaft bei 112.013 Erbschaften in 2015. Ausgehend von dieser Anzahl der Erbschaften ist es leicht zu verstehen, dass ein großer Teil zu Streit führen wird aus den unterschiedlichsten Gründen.

Manchmal geht es den Erben nur um die Befriedigung des eigenen Egos oder es handelt sich einfach nur um Neid gegenüber dem Miterben oder ein Erbe will seinen Miterben zeigen, was er von ihnen hält (in der Kindheit war das vielleicht nicht möglich). Ehemalige geschwisterliche Gefühle gibt es nicht mehr, sondern es gilt nur noch *meins, meins, meins und ihr bekommt was übrigbleibt.*

An einer konstruktiven Lösung wird nicht gearbeitet und die Devise heißt, lange verzögern und das meiste für sich selbst herausholen. Vergessen wird nur, je länger es dauert, desto teurer wird es für alle Beteiligten. Alle Erben werden verlieren, der eine mehr, der andere weniger.

Wir wünschen Ihnen, liebe Erblasser, Kraft bei Ihrer Vorbereitung und Ihnen, liebe Erben, Geduld und ein gesundes Maß an Verhandlungsgeschick und Kooperation, um die Erbauseinandersetzung ohne oder nur mit geringen Gerichts- und Anwaltskosten abzuschließen. Bitte bedenken Sie, dass die dargestellten Informationen nicht als Rechts- und Steuerberatung zu verstehen sind. In Ihrer individuellen Situation kann Ihnen nur ein kompetenter Spezialisten Auskunft erteilen.

Wir stehen Ihnen gern mit unseren Rechercheerkenntnissen und Erfahrungen zur Verfügung. Eine E-Mail mit Ihrer Frage schreiben Sie bitte an die Adresse andrea@florida-informations.com .

Weitere Informationen über unsere Businessbereiche und Bücher finden Sie unter folgenden Internetadressen:

Autorenwebseite: www.andreahoffdomin.com,
email: andrea@florida-informations.com

Traumimmobilien: www.florida-dream-homes.net,
email: andrea@florida-informations.com

Florida Informationen: www.florida-informations.com,
email: info@florida-informations.com

Dieses Buch ist die neueste Ergänzung zu den bereits auf dem Markt vorhandenen Büchern zum Thema Business, Immobilien und kultureller Vielfältigkeit.

- Ihre Residenz im Paradies
- Your Residence in Paradise
- Secrets of the Caribbean Islands – Cayman Islands
- Secrets of the Caribbean Islands – Jamaica
- Immobilienverkauf im Ausland
- Property Sale in a Foreign Country
- Oder unsere Bildbände über Grand Cayman und Jamaica

Wir stehen auch gern als Keynote Speaker und Referent für Firmen- und öffentliche Veranstaltungen zur Verfügung zu den Themenbereichen internationaler Immobilienbesitz mit Schwerpunkt Vereinigte Staaten, Karibik und Europa sowie Lifestyle und internationale Business Kultur.

Viele Grüße aus dem Sunshine State Florida!

www.ingramcontent.com/pod-product-compliance
Lightning Source LLC
Chambersburg PA
CBHW061603110426
42742CB00039B/2706